Jimmy Kelly
Streetkid

JIMMY KELLY

in Zusammenarbeit mit Patricia Leßnerkraus

STREETKID

Fluch und Segen, ein Kelly zu sein

HEYNE ‹

Verlagsgruppe Random House FSC® N001967

4. Auflage
Copyright © 2017 by Wilhelm Heyne Verlag, München,
in der Verlagsgruppe Random House GmbH,
Neumarkter Straße 28, 81673 München
Umschlaggestaltung: Hauptmann & Kompanie Werbeagentur, Zürich
Umschlagfoto und sämtliche Innenfotos: Thomas Stachelhaus
Satz und Layout: Satzwerk Huber, Germering
Druck und Bindung: Alcione, Lavis (Trento)
Printed in Italy
ISBN: 978-3-453-20151-4

www.heyne.de

*Für meine Frau Meike
und meine Kinder Aimee, Máire und Yeshua*

Die im Buch abgebildeten Personen sowie Fußgängerzonen und Wahrzeichen der Städte sind nicht unbedingt die im betreffenden Kapitel beschriebenen, sondern stehen exemplarisch für die im Text dargestellte Situation.

Inhalt

Vorwort

»Aus dir wird mal was«, sagte eine ältere Dame mit einem kleinen Hund im Arm zu mir. »Sie erinnern mich an jemanden …«, fügte sie hinzu und warf einen Euro in meinen Gitarrenkoffer. Ich bedankte mich und sang weiter. Während des Songs lachte ich innerlich und dachte: »Aus mir war mal was geworden.« Was die wenigsten Menschen wissen, ist, dass meine Familie, The Kelly Family, vor dem großen Durchbruch in den Neunzigern jahrelang durch die Fußgängerzonen dieser Welt tingelte. Eigentlich wuchs ich dort auf – in den Straßen unserer Welt. Mit sieben drückte man mir das Tambourin in die Hand. Nicht, um darauf zu spielen, sondern um Geld zu sammeln, während meine Geschwister weitermusizierten. Ich ging nie zur Schule. Mein Vater war stets der Meinung, das Leben zu erleben sollte unsere Schule sein. Mitten unter den Menschen sollten wir aufwachsen. Wir waren zwölf Kinder, ich mittendrin als Nummer sieben.

Wir wurden zur erfolgreichsten sowie bekanntesten Straßenband der Welt und später eine der erfolgreichsten Bands im Showbusiness der Geschichte Deutschlands und Europas. Über zwanzig Millionen Platten und unzählige Live- und Fernsehauftritte quer durch die größten Arenen Europas – das wurde unser Alltag. Wir teilten die Bühne mit Giganten wie Michael Jackson, Elton John, Aerosmith und Grönemeyer. Mit Pavarotti sangen wir das »Ave Maria«, mit Joe Cocker »Where the eagles fly«. Eric Clapton und Bruce Springsteen gaben uns ihre Privatnummern. Wir hatten einen Jahresumsatz von circa hundert Millionen Euro, gewannen alle Preise, die die Musikszene hergab, und der Gitarrist von Queen nannte uns »The champions«. Die Liste des Erfolgs ist unendlich, und ich könnte drei Bücher über dieses Leben schreiben, aber davon soll es in diesem Buch nicht handeln. Eines muss ich aber noch anmerken: Einmal hat Tina Turner mich geküsst, und ich habe Tina geküsst.

Also, warum bin ich wieder auf der Straße gelandet? Der erste Grund wird sein, dass wir in erster Linie eine Familie waren und keine Band. Als mein Vater im Jahr 2002 starb, war der Trend schon absehbar. Jeder von uns ging mehr und mehr seinen eigenen Weg. Kathy nahm eine Soloplatte auf, Johnny heiratete und zog nach Spanien. Joey entschied sich für eine Sportkarriere, Paddy ging ins Kloster, Angelo tourte mit eigener Band, Maite heiratete einen Franzosen und zog in das Heimatland ihres Mannes. Um es kurz zu fassen: Wir gingen langsam, aber sicher auseinander. Die Natur nahm ihren Lauf, wie in jeder anderen Familie auch.

Ich blieb bis fast zum Schluss. Außer mir waren es nur noch vier Mitglieder der Kelly Family, die gemeinsam musizierten. Ich entschied mich eines Tages, ebenfalls zu gehen, weil das Verhältnis zwischen uns verbliebenen Geschwistern in der Band immer schlimmer wurde. Wir stritten uns ständig, hauptsächlich um Geld, das Erbe. Hätte mein Vater ein Testament hinterlassen, wäre zwischen uns Geschwistern alles möglicherweise einfacher gewesen.

Wir lebten das Prinzip der »Musketiere«: Einer für alle – alle für einen.

Da ich aber kein zweites Standbein für mich aufgebaut hatte, musste ich bei null anfangen. Geld hatte ich keines, war doch The Kelly Family in der Vergangenheit immer mein Versorger gewesen und ich ihrer. Seit ich klein war, lebten wir – was das Geld betraf – immer im vollen Vertrauen zueinander. Ich bekam nie eine Gage, aber ich hatte stets alles, was ich brauchte. Manchmal zu wenig und manchmal zu viel. Wir lebten das Prinzip der »Musketiere«: Einer für alle – alle für einen. Ein halbes Leben lang hatten wir gut funktioniert, doch ohne unseren Vater funktionierte plötzlich nichts mehr. Wir wurden aufgezogen, um alles gemeinsam zu vollbringen. Gemeinsam waren wir stark, aber immer mit dem Papa als Kapitän, der den Familiendampfer sicher durch jedes noch so stürmische Wasser lenkte. Rein rechtlich waren und sind wir bis heute alle gleichwertig, doch recht haben und recht bekommen ist nicht immer selbstverständlich. Jetzt, da der Kapitän nicht mehr da war, wurde die Situation nicht leichter.

In einer Familie gibt es auch Politik, Mord und Totschlag. Es gibt die Kapitalisten, die Kommunisten, die Konservativen und die Mafia noch dazu. Doch das Verrückteste war, dass manche Mitglieder der Familie ständig die Partei wechselten, und schon ging alles wieder von vorn los. Allerdings muss ich gestehen, dass ich daran auch nicht unschuldig war. Wie gesagt, ich bin mittendrin, das Sandwichkind. Mir wurde klar, dass es einige Zeit brauchen würde, bis ich endlich das mir zustehende Geld bekommen würde.

In der Zwischenzeit, genauer gesagt, im Jahr 2005, hatte auch ich geheiratet. Mit meiner damals fünfundzwanzig Jahre alten Frau Meike, unserer zweijährigen Tochter Aimee und unserer acht Wochen alten Tochter Máire lebte ich in einer kleinen, billigen Wohnung in Belgien. Die Gefechte mit einigen meiner Geschwister machten mich krank und ließen mich unangenehm werden gegenüber mir selbst und meinen Mitmenschen, um es mal in harmlose Worte zu fassen. Ich wusste, ich musste raus aus der Band und endlich meinen eigenen Weg gehen. Ich war sechsunddreißig Jahre alt und stand noch immer nicht auf eigenen Füßen. Doch meine Frau und Kinder brauchten mich. Die Stunde der Wahrheit war gekommen: Ich musste endlich ein Mann werden.

Zurück ins Showbusiness wollte ich nicht. Ich hatte genug gesehen, um zu wissen, dass dort nicht alles Gold ist, was glänzt. Außerdem musste ich mich als Individuum finden, in meiner Familie war das nicht möglich, weil wir nicht als Individuen erzogen worden waren. Und das Showgeschäft ist wohl der letzte Ort, an dem man sich selbst finden kann.

Ich hatte genug vom Showbusiness. Ich wollte weg von der Show, der Oberflächlichkeit, dem Schein. Ich wollte hinein ins wahre, echte Leben. Der Wunsch, zurückzukehren zum verlorenen Glück auf der Straße, war schon länger in mir. Nur wie so oft im Leben gehen wir selten dem wahren Ruf unseres Herzens nach. Meistens kommt man erst auf diesen Wunsch zurück, wenn sich die äußeren Umstände drastisch verändern. Wer will schon gerne seine Komfortzone verlassen? Meist halten uns unsere Ängste davor zurück, und darum sind wir auch erst bereit, auf unser Herz zu hören, wenn wir es wirklich müssen.

Der Wunsch, zurückzukehren zum verlorenen Glück auf der Straße, war schon länger in mir.

Da in der Kelly Family Umbruch und Chaos angesagt waren, kam mir immer wieder in den Sinn: »Back to the roots, Jimmy, da wolltest du doch schon lange hin zurück!« Sucht ein Mensch nach Orientierung, ist es oft sinnvoll, zur Basis zurückzukehren.

Wenn ein Sportler eine Niederlage kassiert, geht er am nächsten Tag immer und immer wieder durch das »Grundlagentraining«. Mönche begeben sich ständig »zurück zur Quelle«. The Kelly Family war im Ursprung eine Band des Volkes und der Straße. Und so dachte ich mir, dass, wenn ich genug Geld in den Fußgängerzonen für meine kleine Familie verdienen könnte, ich so schon ein kleines Stückchen Glück gefunden hätte.

Kolumbus ging auf die Suche nach Indien und entdeckte Amerika. Ich ging auf die Suche nach meinen Wurzeln und entdeckte …? Aber lest selbst.

Ach ja, um meine Geschichte mit der alten Dame, mit der meine Einleitung begann, noch zu beenden: Als ich mein Lied zu Ende gesungen hatte, stand die Dame mit ihrem kleinen Hund plötzlich wieder vor mir und sagte: »Jetzt weiß ich übrigens, an wen Sie mich erinnern: an Semino Rossi. Der hat auch auf der Straße angefangen!« Ich packte meine Gitarre in den Koffer und ging. Hätte sie doch wenigstens Bruce Springsteen oder Bob Dylan gesagt …

Der **Blick** von außen –
Von meinem Freund
Thomas Stachelhaus

Da steht er am Rand der Fußgängerzone, irgendwo in Deutschland, Viktor James Kelly, besser bekannt als Jimmy Kelly, Mitglied der Band The Kelly Family, die Anfang der Neunzigerjahre die Teenies in Europa elektrisierte und Millionen von Musikträgern verkaufte.

Es ist frühmorgens, und ich beobachte ihn wie schon unzählige Male zuvor. Er trägt wie immer sein kariertes Holzfällerhemd, eine viel zu große, ausgewaschene Jeans mit ausgelatschten Schuhen. Seine Gitarre hängt locker über der Schulter. Neben ihm steht ein kleiner batteriebetriebener Verstärker, und auf der Straße liegt der aufgeklappte, noch leere Gitarrenkoffer. Alles ist vorbereitet für einen weiteren Arbeitstag von Jimmy, dem Straßenmusiker.

Er nimmt seinen kaputten, ausgebeulten Strohhut vom Kopf und faltet die Hände. Sein Körper sinkt noch mehr in sich zusammen, er schließt seine Augen. Ohne Gebet wird er nicht das erste Lied anstimmen. Ich beobachte diese Situation und das, was um ihn herum passiert, sehr sorgfältig. Kaum jemand nimmt Notiz von ihm in der noch spärlich besuchten Einkaufsmeile. Soll ich näher an ihn herangehen, oder lasse ich ihn in diesem intimen Moment ungestört? Eine Mutter mit ihrer neugierigen kleinen Tochter kommt näher, und ich weiß in diesem Augenblick, mein Arbeitstag hat gerade begonnen.

Ich bin Thomas Stachelhaus, Berufsfotograf, und soll im Auftrag von Jimmy eine umfassende fotografische Doku-

mentation seines Straßenmusikerlebens erstellen.

Ich kenne Jimmy seit Kindesbeinen. Als Student für Bildjournalismus besuchte ich 1988 seine Familie, die in Bochum ihr kleines Zirkuszelt aufgeschlagen hatte und ihren Lebensunterhalt schon damals auch durch Straßenkonzerte bestritt. Der unvergessene, von mir hochgeachtete Vater Dan Kelly erlaubte mir, das extrem aufregende und außergewöhnliche Leben seiner Familie ohne Wenn und Aber fotografisch zu begleiten.

Eines der ersten Fotos des damals ungefähr vierzehnjährigen Jimmy entstand im Wald mit Pfeil und Bogen. Es war nicht irgendein Spiel eines Kindes, sondern das Trainieren mit einer Waffe, genauer, einem Sportbogen, mit dem man einen Elch hätte töten können.

Die Situation hatte etwas Unwirkliches, fast Magisches. Kein Regisseur für Fantasyfilme hätte es besser inszenieren können. Die ersten Sonnenstrahlen fanden ihren Weg durch die Bäume, erwärmten den Morgentau und ließen leichte, feuchte Nebel aufsteigen. Jimmy, zu dem Zeitpunkt noch mit wallenden blonden Haaren, gekleidet wie ein Trapper im Mittelalter, ließ hoch konzentriert Pfeil auf Pfeil vom Bogen. Als Fotograf träumst du von solchen Motivwelten und lebst für diese Augenblicke, von denen es bei den Kellys sehr viele gab.

In den fünfundzwanzig Jahren, die auf diese Momentaufnahme folgten, hat sich zwischen Jimmy und mir eine ganz besondere Beziehung entwickelt. Ich durfte seine Entwicklung vom pubertierenden, gegen alles und jeden rebellierenden Jugendlichen bis hin zum glücklichen, fürsorglichen und mit sich zufriedenen Familienvater hautnah miterleben.

Mir ist in all diesen gemeinsamen Jahren ein wahrer Freund gewachsen, von dem ich weiß, er ist da, wenn ich ihn wirklich brauche!

Es war ein langer, schwieriger Weg. Immer geprägt von der scheinbar aussichtslosen Suche, unter allen äußeren Einflüssen dieser speziellen Medien- und Businesswelt mit ihren eigenen Gesetzen sowie der außergewöhnlichen Familiensituation, mit acht Geschwistern ohne Mutter, seine eigene authentische Identität zu finden.

Mir ist in all diesen gemeinsamen Jahren ein wahrer Freund gewachsen, von dem ich weiß, er ist da, wenn ich ihn wirklich brauche!

Er hat sein Gebet beendet, nimmt die Gitarre von der Schulter und stimmt mit noch krächzender Stimme den ersten Song an. Zu der Mutter mit Kind haben sich eine Handvoll Leute hinzugesellt. Aber es ist noch viel Hektik zu dieser frühen Stunde auf der Straße, und sie gehen nach einer kurzen Pause zügig weiter.

Auf Jimmy wartet ein langer, harter Tag für »Unser täglich Brot gib uns heute«.

Thomas Stachelhaus

Der **Bankautomat**
oder wie zahle ich meine Miete?

Ich versuchte, Geld an einem Bankautomaten zu ziehen. Aber meine Karte funktionierte nicht. Mit einem Achselzucken drehte ich mich zu der jungen Dame hinter mir um und sagte: »Der Automat ist kaputt. Der spinnt.« Sie lächelte mich an und versuchte es selbst. Doch sie bekam ihr Geld sofort, ohne Probleme. Ich lief weg, ehe sie mich anschauen konnte. Ich ging zum Bankschalter und fragte, wie es angehen könnte, dass ich nicht an mein Geld kam.

Die Bankangestellte fragte mich nach meinen Kontodaten und klärte mich auf: »Herr Kelly, Sie haben Ihr Konto überzogen, die Karte behalten wir ein, die können Sie nicht mehr gebrauchen.«

Ich erwiderte: »Dann geben Sie mir doch einen weiteren Kredit.«

»Das kann ich leider nicht, Sie sind schon dreißigtausend Euro im Minus, einen weiteren Kredit kann ich nicht vergeben.«

Ich versuchte es mit der Kelly Family. »Ich bin doch ein Kelly!« Ein kleiner Trick, der manchmal Großes bewirken

»Ich bin doch ein Kelly!« Ein kleiner Trick, der manchmal Großes bewirken konnte.

konnte. Doch diese Frau war kein Kelly-Fan. Take That wäre ihre Jugendliebe gewesen, gab sie mir zu verstehen. »Ja, Robbie Williams habe ich schon öfter

getroffen, der ist ganz nett.« Die junge Frau hatte mich durchschaut und ließ sich nicht beeindrucken. Sie sagte höflich, aber energisch: »Wenn Sie möchten, kann ich einen Termin mit unserem Bankmanager vereinbaren.«

»Nein danke, bei dem war ich schon. Wir bleiben in Kontakt.« Wenn ich ein Haus oder Sonstiges als Sicherheit hätte bieten können, dann hätte man mir einen weiteren Kredit gewähren können. Doch alles, was mir gehörte, gehörte auch meinen Geschwistern, und mit einem solch komplizierten Konstrukt wie unserem möchte eine Bank selten etwas zu tun haben. Der Wert der Songrechte hätte erst einmal durch Experten untersucht werden müssen. Auch meinen Anteil an einem der teuersten Schlösser Deutschlands wollten sie als Sicherheit nicht akzeptieren. Das Familieneigentum war zu verzwickt.

Doch ich brauchte Cash, und zwar sofort. Also fuhr ich ans andere Ende von Köln, um einen Veranstalter zu besuchen, der mir noch Unmengen an Geld schuldete. Er erzählte mir, dass er insolvent sei und kein Geld mehr habe. Wenn ich keinen Anwalt einschalten würde, könne er mir meine Gage in Raten zahlen. Er habe ein tolles neues Projekt, mit dem er wahrscheinlich seine ganze Firma retten könne. Ich müsse ihm nur Zeit geben.

Er bot an, so schnell wie möglich anzufangen. Obwohl ich selbst in Not war, ließ ich mich durch seine liebevolle

und unschuldige Art erweichen. Nun hoffte ich also, in den nächsten Wochen die erste Ratenzahlung zu erhalten. Er bedankte sich bei mir und meinte, ich sei ein wundervoller Mensch. So fühlte ich mich in diesem Moment auch – als Mutter Teresa für den Veranstalter. Doch als ich zu Hause ankam, wurde ich jäh in die

Realität zurückgeholt. Wieder lagen neue Rechnungen auf dem Tisch, darunter viele Mahnungen. Der Vermieter rief an und informierte mich, dass meine Mietvorauszahlung bereits aufgebraucht war, und er wollte wissen, wann ich die Miete für den letzten Monat überweisen würde. Ich fragte, ob ich in Raten bezahlen könne. Er lachte nur und sagte, dass es Ratenzahlung bei Miete nicht gäbe und fünfhundert Euro ja auch nicht die Welt seien. Und außerdem hätte er doch im Internet gelesen, dass ich ein großer Star sei. »Okay, du bekommst dein Geld morgen, es ist schon unterwegs«, versicherte ich ihm. Das war natürlich eine Lüge.

Bei der Wohnung handelte es sich um eine Dreizimmerwohnung. Manche Wände waren voller Schimmel, weil die Wohnung feucht war. Wir wohnten im Erdgeschoss. Unser Boden war aus Stein, direkt darunter befand sich lehmiger Boden. Noch vor einigen Jahren war unsere Bleibe ein Kuhstall gewesen, und unser belgischer Vermieter hatte ihn selber zur Wohnung umgebaut, um ein bisschen Geld nebenbei zu verdienen. Und dementsprechend unfachmännisch war der Umbau auch geworden. Die Heizung funktionierte nicht richtig, die Wände waren dünn wie Pappe. Das Wasser brauchte ewig Zeit, um warm zu werden. Die Küche wäre in Deutschland eher auf dem Sperrmüll zu finden gewesen Anscheinend haben Belgier gelegentlich andere Erwartungen an zumutbaren Wohnraum. Mir passte die Wohnung damals trotzdem gut, weil ich nicht gewusst hätte, wohin ich mit meiner Frau Meike und unseren kleinen Töchtern Aimee und Máire hätte ziehen sollen.

Meike wusste von unserer wirklichen finanziellen Lage nichts. Sie wusste jedoch genug, um zu verstehen, warum ich Arbeit suchen musste. Sie war sich schon darüber im Klaren, dass meine Familie im Streit um unser Erbe lag und dass ich langsam lernen musste, auf eigenen Beinen zu stehen. Sie stand mir bei, wie man sich das von einer Partnerin nur wünschen konnte. Meike war praktisch die einzige Person, die an mich glaubte. Doch ein Mann zeigt seiner Frau nicht immer alle Schwächen, zumindest nicht am Anfang einer Ehe. Da will man noch zeigen, was man kann. Ein Mann muss ein Mann sein. Und wenn er nicht für das Finanzielle sorgen

Ein Mann muss ein Mann sein. Und wenn er nicht für das Finanzielle sorgen kann, dann fühlt es sich ziemlich beschämend an.

kann, dann fühlt es sich ziemlich beschämend an. Also entschied ich, meiner Frau nicht alle Karten offen auf den Tisch zu legen. Sie hatte zu der Zeit auch genug eigenen Kummer. Zwei kleine Kinder, die eine Tochter gerade mal zwei Jahre alt, die andere befand sich gerade inmitten ihrer Dreimonatskoliken. Stress pur, um es kurz zu fassen. Mutter zu sein ist der schwerste Job der Welt. Viele Mütter sind Superheldinnen, doch keiner sieht es.

Ich nahm das Telefon zur Hand und rief einen meiner Brüder an, von dem ich noch Geld bekommen sollte. Seine Antwort war frustrierend.

»Du weißt doch, dass Vater das meiste Geld falsch gemanagt hat, und mit dem verbliebenen Geld muss ich Rechnungen begleichen, die uns alle betreffen.«

Ich wollte die Rechnungen und die Bücher einsehen, mein Bruder aber stellte sich quer: »Du musst mir vertrauen, ich bin dein Bruder. Ich habe weder Lust noch Zeit, dir alles zu zeigen. Lass mich in Ruhe damit«, bekam ich zur Antwort.

Zu dieser Zeit stritten wir uns oft. Immer wieder, stundenlang, manchmal bis tief in die Nacht. Doch der nächste Schock ließ nicht lange auf sich warten. Eine Freundin, die etwas Geld für Meike und mich verwaltete, rief mich ein paar Tage später an und gestand mir unter Tränen, dass mein Geld weg war. Ihr Mann war schwer krank, und sie hatten das Geld ohne mein Wissen benutzt, um ihre Firma zu retten. Es wären zwanzigtausend Euro gewesen, die ich zu diesem Zeitpunkt sehr gut hätte gebrauchen können. Ein Sprichwort besagt: »Ein Unglück kommt selten allein.« Leider schien das Sprichwort recht zu behalten. Innerlich war ich gelähmt, nach außen wahrte ich meine gute Laune. Manche Leute lachen, wenn sie einen Schlag ins Gesicht bekommen, manche weinen. Ich tat beides.

Dann war es so weit. Ich bekam einen weiteren Anruf von unserem Vermieter mit der Ansage, dass wir aus der Wohnung fliegen würden, wenn ich nicht sofort zahlen würde. Das war ein Schock. Meine Babys auf der Straße? Nein, das ging gar nicht. In meiner Verzweiflung suchte ich alle Rechnungen und Mahnungen zusammen und ging zur Kapelle von Sankt Joseph. Ich legte die Rechnungen auf den Altar und versprach Gott, wenn er mir zur Hilfe käme, würde ich ab sofort zehn Prozent meines Einkommens einem guten Zweck spenden. Er antwortete nicht. Ich redete und redete und versprach und versprach. Ich kann nicht mehr wiedergeben, was alles aus mir heraussprudelte. Dann wartete ich. Wartete auf eine Antwort. Ich wartete, bis ich plötzlich auf einen Zettel aufmerksam wurde, der auf einer Bank hinter mir lag. Auf ihm standen folgende Worte aus der Bibel, Jesaja 55, 8–9: »Meine Gedanken sind nicht eure Gedanken und eure Wege sind nicht meine Wege. So hoch der Himmel über der Erde ist, so hoch erhaben sind meine Wege über eure Wege und meine Gedanken über eure Gedanken.«

Mein **Traum** von der Straße
Back on the street

Als ich klein war, sagte mein Vater oft, man bräuchte nur drei Songs, um von der Musik auf der Straße leben zu können. »Wenn du dein Leben mit diesen drei Liedern zum Ausdruck bringen kannst, kannst du gut leben.« Er war davon überzeugt, dass die meiste Zeit in der Schule vergeudet war, denn man brauchte seiner Meinung nach nicht viel, um in dieser Welt durchzukommen. Deswegen mussten meine Geschwister und ich mindestens drei Songs auf einem Instrument lernen. Das tat ich, aber leider blieb es

Als ich klein war, sagte mein Vater oft, man bräuchte nur drei Songs, um von der Musik auf der Straße leben zu können.

auch dabei. Wir waren so viele Kinder, und mein Vater war so überfordert, dass ich es mir erlauben konnte, kein Instrument richtig zu erlernen. Singen dagegen konnte ich. Doch die ersten Jahre schrie ich mehr, als dass ich sang, wovon ich sofort heiser wurde. Da wir aber so viele waren und ich sowieso selten die Hauptrolle in der Band spielte, war meine Heiserkeit nicht weiter schlimm. Manchmal kam auch ein vernünftiger Ton heraus, und so entwickelte ich mich nach und nach hauptsächlich zum Sänger, der drei

Akkorde auf der Gitarre beherrschte. Mehr konnte ich nicht, und trotzdem wurde ich zum Rockstar. Unter uns: Viel mehr konnten die Stones oder Beatles ja auch nicht! Nun aber kam die Stunde der Wahrheit. Ich hatte eine Gitarre und nicht mehr als drei Lieder. Es war, als müsste ich das Laufen neu erlernen. Seither waren immer meine Brüder und Schwestern meine Stütze gewesen, als alleiniger Entertainer hatte ich jedoch keine Erfahrung. Den nostalgischen Traum, auf die Straße zurückzugehen, um dort zu musizieren und davon leben zu können, hatte ich in der letzten Zeit häufiger. »Wenn alles schiefgeht, dann hast du immer noch die Straße, Jimmy«, dachte ich so manches Mal bei mir. Früher, als wir als Familie noch unbekannt waren, verdienten wir circa fünftausend – damals noch – D-Mark am Tag, manchmal sogar mehr. Millionäre waren wir schon durch unsere Straßenkonzerte, noch bevor überhaupt eine Plattenfirma auf uns aufmerksam wurde. Und das Größte dabei war, dass wir stets unsere Freiheit behielten und unsere eigenen Chefs blieben. Nur das Wetter und ab und zu auch die Polizei konnten uns stoppen, ansonsten war es ein Traumberuf. Wir waren wild und frei, wie Gott uns schuf.

Ja, die Nostalgie in mir war groß, wieder auf die Straße zu gehen. Irgendwie

hatte ich es heraufbeschworen. Die Würfel waren so gefallen, dass ich nun auch wegen des Geldes dorthin zurückmusste. Einen kleinen Verstärker für die Straßenmusik hatte ich mir schon vor einiger Zeit zugelegt, Gitarre und Mikro hatte ich auch. Das Equipment war startbereit. Also entschied ich mich dieses Mal ernsthaft dafür, einen Versuch zu wagen und allein auf die Straße zu gehen, denn ich war viel zu stolz, um von meinen Geschwistern Geld zu borgen. Und zurück ins Showbusiness wollte ich schließlich auch nicht. Stattdessen dachte ich: »Wenn ich nun auf der Straße Musik mache, dann werden die Leute sagen: Wahnsinn, ein Kelly zum Anfassen!« Also fuhr ich nach Bonn. Dort

hatten wir früher viel Erfolg als Familie. »Die Fußgängerzone ist groß, und die Menschen werden mich belohnen. Singe ich einen Song, bekomme ich einen Euro. Ehrliche Arbeit wird belohnt. Was für eine Sensation wird das sein: Ein Kelly geht zurück zur Straße. Heldenhaft – ein Star ohne Allüren.« All diese wunderbaren Gedanken gingen mir durch den Kopf. Ich pushte mich hoch, es würde ganz großartig werden. Doch einmal in Bonn angekommen, mit dem Gitarrenkoffer in der Hand, fing ich plötzlich an, nervös zu werden. Ich hatte eine kleine Karre dabei, meinen Verstärker, ein paar CDs, mein Mikro und die Gitarre. Als ich so mit meinem kleinen Equipment durch die Fußgängerzone lief, bekam ich den Eindruck, dass mich alle Passanten anstarrten. Ich lief die Straße hoch und runter, immer wieder. Am Beethovenplatz kam mir meine Familie in Erinnerung, und ich war froh, dass sie nicht wussten, was ich hier vorhatte. Meine Frau war die Einzige, die wusste, warum ich in Bonn war. Ich lief weiter und weiter, wurde fast paranoid, hatte alle möglichen Gedanken, die mich jagten: »Es regnet ja!« Dabei war es in Wirklichkeit nur wolkig. »Da – dich hat jemand erkannt, lauf schneller.« Aber es war nur ein Kind, welches seiner Mutter nachrannte. »Wenn ich jetzt hier aufbaue und singe, wird sicher die ganze Straße stillstehen.« Ich zögerte und überlegte ernsthaft, ob ich die ganze Aktion vielleicht besser abbrechen sollte. Was sollte ich tun, wenn jemand die *Bild*-Zeitung anrief? »Kellys sind pleite« wäre die Schlagzeile. Was hätte das Ganze für Konsequenzen für meine Geschwister? Durfte ich das überhaupt tun? War das verantwortungsvoll von mir? Vielleicht würden meine Brüder und Schwestern es überhaupt nicht lustig finden, und dann wäre die Spaltung zwischen uns noch größer. Panik stieg in mir auf. Ich hatte Angst, wollte es mir aber nicht eingestehen. Ich lief und lief durch die Fußgängerzone, hier herum und noch mal dort herum. Genauso durcheinander sah es in meinem Kopf aus.

Auf einmal überkam es mich. »Jimmy, spiel jetzt oder nie! Du hast eine Menge Rechnungen zu bezahlen, die Miete ist längst fällig, sonst sitzen deine Frau und Kinder bald auf der Straße, vielleicht musst du bei deinen Schwiegereltern wohnen. Oder, noch schlimmer: bei einem deiner Geschwister. Die könnten dir dann erzählen, dass du schon immer unverantwortlich gewesen bist.« Ich packte meine Gitarre aus dem Koffer, baute meinen Verstärker auf, verkabelte das Mikro und spielte zitternd ein paar Akkorde auf meiner Klampfe. Ich fing ganz leise an zu singen, damit mich auch ja niemand erkannte. Aber niemand stoppte, um mir zuzuhören. Ich war völlig fassungslos. Wirklich niemand blieb stehen, alle Menschen liefen an mir vorbei. Ich drehte die Anlage lauter und sang, doch auch das zeigte keine Wirkung. Die Leute liefen weiter, sie hatten kein Interesse an mir. Ich sang noch lauter, aber weiterhin liefen alle an mir vorbei. Ich sang lauter und lauter, nicht einer blieb stehen, um mir zuzuhören. Ich dachte wirklich, die Welt interessiert sich so wahnsinnig für mich. Doch die Realität sah anders aus. Ein paar Fußgänger schmissen zwar Geld in meinen Gitarrenkoffer – aber nur im Vorbeigehen. »Es ist Rushhour, außerdem ist das Wetter auch nicht so gut, und dieser Platz hier ist sowieso doof«, überlegte ich und fing an, meine Sachen zu packen.

Als ich mich umdrehte, stand die Frau vom Wurststand gegenüber hinter mir.

Sie hatte eine Bratwurst in der Hand, die sie mir mit den Worten reichte: »Hier, du siehst aus, als ob du Hunger hättest.« Und wie ich Hunger hatte! Ich bedankte mich, aß die Wurst und war der Meinung, die Dame hätte mich bestimmt erkannt. Dem war aber nicht so. Als wir uns im Gespräch gegenseitig vorstellten, war ihre Reaktion völlig unerwartet: »Wie, was erzählst du mir für einen Quatsch, erzähl doch keinen Unsinn …« Im weiteren Verlauf unserer Unterhaltung erzählte sie mir, wie gerne sie früher

unsere alten Platten gehört habe. »Kannst du nicht mal ›Amazing Grace‹ für mich singen«, fragte sie. »Warum nicht«, dachte ich bei mir, »du schenkst mir eine Wurst, ich dir im Gegenzug einen Song.« Ich brauchte dringend ein bisschen Lob und begann, die Akkorde in meinem Kopf zusammenzusuchen. Als es anfing zu regnen, suchten wir Schutz unter dem Vordach eines Ladens. Während ich »Amazing Grace« sang, standen der Frau Tränen in den Augen, und ich fühlte mich plötzlich gut. Ich hatte

mein Lob und dazu die Erinnerungen an früher, als Kathy »Amazing Grace« auf dem Akkordeon spielte. Das rief immer pure Gänsehaut bei mir hervor, und ich sah uns in diesem Moment wieder zusammen auf dem Beethovenplatz dieses Lied singen.

Am Ende des Songs standen plötzlich ein paar Mitarbeiter des Ordnungsamtes vor mir und fragten, ob ich eine Genehmigung hätte, hier zu musizieren. »Nein«, lautete meine Antwort, »ich wusste ja gar nicht, dass ich eine benötige.«

»Doch, Sie brauchen eine. Bitte packen Sie Ihre Gitarre ein, und schauen Sie, dass Sie verschwinden«, gab man mir zu verstehen.

Die Frau vom Wurststand unterbrach das Gespräch: »Wissen Sie denn nicht, wer das ist? Das ist doch einer von den Kellys!«

Die Ordnungsbeamten guckten erstaunt und zögerten für einen Moment. »Das tut uns leid, aber Vorschriften sind Vorschriften!«

Ich packte meine Sachen, und einer der Beamten sah meine CDs und fragte, ob er vielleicht eine kaufen könne. Natürlich konnten sie, also kauften gleich beide Beamte eine und fragten auch noch schnell nach einem Autogramm. Die Wurstverkäuferin kaufte auch eine CD – natürlich bekam sie ebenfalls ein Autogramm. Auf meine Frage, ob ich nicht doch ein bisschen weiterspielen dürfe, war die Antwort wieder eine Absage.

»Nein, es tut mir leid. Ich war früher ein riesiger Fan von Ihnen und war auf vielen Konzerten in den Fußballstadien, aber Vorschrift ist Vorschrift!«

Ich hatte genug für diesen Tag und ging nach Hause.

Köln

Begegnung mit Daniel und meine Erinnerung ans Hyatt Hotel

Am nächsten Tag fuhr ich nach Köln, wo wir damals als singende Familie auf der Straße angefangen hatten.

Es war Ende der Siebzigerjahre, als wir erstmals nach Köln kamen. Mit unserem legendären roten Doppeldeckerbus rollten wir auf die Kölner Domplatte und gaben in der Fußgängerzone unsere ersten Straßenkonzerte überhaupt in Deutschland. Damals war ich sieben, höchstens acht Jahre alt und empfand unser Leben als riesengroßes Abenteuer. Gute zehn Jahre später kehrten wir nach Köln zurück, wo wir uns für viele Jahre wirklich heimisch fühlten. Zuerst lebten wir im Mülheimer Hafen auf der Grenze zu Deutz in unserem Hausboot namens Sean O'Kelley, das wir in Amsterdam gekauft hatten. Relativ schnell nach unserer Rückkehr gründeten wir unsere eigene

Firma, die KEL-LIFE Music Production GmbH. Sie befand sich in einem Fabrikgebäude des Hafens, vis-à-vis von unserem Hausboot, in dem neben Büroräumen auch ein Tonstudio eingerichtet wurde. Anfangs konnten wir uns im Hafen und der Stadt noch völlig ungehindert bewegen, fühlten uns wild und frei wie die Vögel. Doch mit unserem 1994 erschienenen Album »Over the hump« und dem Song »An angel« kam der Durchbruch, und unser Leben veränderte sich schlagartig. Wir wurden richtig berühmt. Die Firma wuchs auf um die zweihundert Angestellte an und machte hundert Millionen Umsatz im Jahr. Längst spielten wir nicht mehr auf der Straße, sondern füllten mit unseren Konzerten problemlos alle Fußballstadien Deutschlands. Wir lockten die Fans mit unserer

Musik jedoch nicht nur ins Stadion oder in große Konzerthallen. Nein, sie kamen auch zu unserem Hausboot und belagerten den Hafen. Kreischende und weinende Teenager, die tagelang dort campten, nur um einen kleinen Gruß, ein Lächeln oder einen Kuss von uns zu ergattern. Die Lage wurde 1995 so ernst, dass wir uns durch eine eigens für uns errichtete Mauer abschotten und eine Sicherheitsfirma engagieren mussten. Wann immer wir unseren geschützten Raum im Hafen verließen, folgten uns fortan auf Schritt und Tritt unsere Bodyguards. Das wilde und freie Leben war vorbei. Wir wurden zu Vögeln im goldenen Käfig.

Wir waren nicht mehr nur als Familie beisammen, häufig kamen irgendwelche Mitarbeiter dazu, um Konzerte, einen neuen Plattenvertrag oder den nächsten Fernsehauftritt mit uns zu besprechen.

Es muss irgendwann im Jahr 1996 gewesen sein, als wir unser Hausboot gegen das direkt am Rhein gelegene Fünfsternehotel Hyatt Regency eintauschten. Wir mieteten die komplette

Das wilde und freie Leben war vorbei. Wir wurden zu Vögeln im goldenen Käfig.

sechste Etage, zu der man nur mit einer VIP-Karte Zugang hatte. Wir zahlten in dieser Zeit so viel Miete, dass wir wahrscheinlich das Hotel gleich hätten kaufen können. Jeder von uns hatte sein eigenes Zimmer oder, besser gesagt, seine eigene Suite. Das hatte natürlich irgendwann zur Folge, dass jeder von uns mehr und mehr sein Privatleben führte, sein Essen aufs Zimmer bestellte und den Rest der Familie fast nur noch zu Geschäftsbesprechungen mit Plattenbossen, Tourmanagern oder Anwälten traf. Es drehte sich bei der Kelly Family alles nur noch um die Band, die innerhalb kürzester Zeit zur bekanntesten und erfolgreichsten Popgruppe Europas aufgestiegen war.

Doch nicht nur das Leben im Außen änderte sich, auch unser Familienleben wurde mehr und mehr vom Erfolg durchdrungen. Zwar lebten wir noch alle gemeinsam auf überschaubarem Raum, doch unsere Zusammenkünfte im Wohnzimmer des Hausboots oder in der Kapitänskajüte veränderten sich.

Anfangs fiel es mir gar nicht auf, dass sich unser Familienverbund aufzulösen begann, weil wir uns immer mehr auseinanderlebten. Es war ein schleichender Prozess, der überlagert wurde von unserem Erfolg. Wir waren schließlich Stars und genossen es. Zumindest genoss ich es noch zu diesem Zeitpunkt. Alles war neu, wir waren gefragt, reich, schmückten die Titel der *Bravo,* erhielten Konzertanfragen aus aller Welt. All das überrollte uns wie eine Lawine. Wir waren auf oberflächliche Weise happy, nein, ich würde sogar sagen, wir waren high. Ich fühlte mich als Star und begann, richtig abzuheben, weil ich dachte, ich sei der Größte. So habe ich mich leider dann auch benommen.

Im Hyatt Regency blieben wir knapp zwei Jahre. Einige Zeit danach haben wir die Wasserburg Schloss Gymnich in Erftstadt gekauft – für zwölf Millionen, damals eine läppische Summe für uns. Das Schloss war das ehemalige Gästehaus der Bundesrepublik Deutschland.

Aber zurück zur Straße: Nun führte mich die Musik also erneut nach Köln. Das Wetter an diesem Tag war nicht gut. Es war grau, teils regnerisch. Da ich aber jeden Euro gebrauchen konnte, ging ich trotzdem raus auf die Straße. Doch während ich die Fußgängerzone hoch- und runterlief, fing mein Kopf wieder an zu spinnen. »Was mache ich hier, es ist alles die Schuld meines Vaters. Er hat mich nur ausgenutzt. Ich arbeite schon ein Leben lang, seit ich Kind bin. Hätte er nicht bloß ein bisschen Geld für jeden von uns zur Seite tun können? Dann müsste ich heute nicht hier stehen.« Er allein war schuld daran, davon war ich überzeugt.

Ich traute mich nicht, meine Anlage aufzubauen, deshalb lief ich ziellos durch die Straßen der mir so vertrauten Domstadt. Ich suchte nach allen möglichen Ausreden, warum ich nicht spielen sollte. Was wäre, wenn die Ordnungsbeamten wiederkommen würden? Was mich aber am meisten beschäftigte, war mein Vater. In meinem Kopf stritt ich heftig mit ihm. Es kostete meine ganze Energie, meinem toten Vater sowie dem einen oder anderen Bruder die Schuld an meiner Misere zu geben. Irgendwie schaffte ich es nach ein paar Stunden des Umherirrens und des Streits mit den Geistern in meinem Kopf doch, meine Gitarre auszupacken und das Mikrofon an die Anlage anzuschließen. Trotz des schlechten Wetters sang ich eine Weile, doch wieder liefen die meisten Menschen nur an mir vorbei. Nach einer halben Stunde kamen auch hier die Ordnungsbeamten, die mich wissen ließen, dass es nicht erlaubt war, mit Anlage in der Stadt zu spielen. Ohne Anlage wäre es mir erlaubt, allerdings müsste ich dann alle dreißig Minuten mindestens hundert Meter weiterziehen. Ich war entnervt und beleidigt, aber ich probierte es dennoch, ohne Anlage zu spielen. Ich suchte mir dazu einen Platz, an dem weniger los war, und entschied mich, einfach dort zu bleiben, bis die Beamten mich wegschicken würden. Einige Passanten hielten an und warfen ein paar Münzen in meinen Koffer. CDs kaufte jedoch niemand. Trotzdem spielte ich entgegen aller negativen Stimmen in meinem Kopf tapfer weiter, schließlich brauchte ich das Geld.

Was mich am meisten beschäftigte, war mein Vater. In meinem Kopf stritt ich heftig mit ihm.

Obwohl immer noch nicht viel los war, ging ich meiner Arbeit nach. Nach einer Weile stand ein junger Mann namens Daniel vor mir. Er war um die siebzehn Jahre alt. Sein Traum war es, Musiker zu werden. Seine Eltern

erhofften sich aber, dass ihr Sohn irgendwann einmal Anwalt werden würde. Ich
kannte ihn flüchtig, da sein Gitarrenlehrer ein guter Freund von mir war, der
unter anderem auch bei der Kölner Kult-
band BAP musizierte. Daniel war nicht
allein da, seine Eltern begleiteten ihn. Sie
blieben ziemlich lange stehen und hörten
mir zu. Es mussten um die zwei Stunden
gewesen sein, obwohl ich immer diesel-
ben drei Lieder sang.

Abends saß ich im Auto und zählte
mein Geld – es waren gerade mal sieben-
undfünfzig Euro. Ich schluckte, denn mir
wurde klar, dass ich so weder meine Familie noch die Miete oder sonstige Rechnungen würde bezahlen können. Und als
ob das nicht schon genug wäre, klingelte
auf einmal mein Telefon. Es war mein
Freund, der Gitarrenlehrer von Daniel.

»Hey Jimmy, Daniel hat mir eben
erzählt, dass du auf der Straße spielst.
Was machst du da?«

»Ach, gar nichts, ich wollte nur mal
wieder aus Jux auf der Straße spielen, so
wie früher. Das war eine spontane Idee!«
Ich log meinem Freund das Blaue vom
Himmel runter, was nicht sehr schön von
mir war, aber ich schämte mich, zuzugeben, dass ich das Geld dringend brauchte.
Daraufhin sagte er mir etwas, was mir
sehr wehtat. Daniel hatte ihm erzählt,
dass seine Eltern ihn gezwungen haben,
länger als eine Stunde meiner Musik
zuzuhören und mich zu beobachten. Der
Vater hatte seinem Sohn befohlen: »Jetzt

schau dir das mal genauer an, denn das
ist, was passiert, wenn du Musiker wirst!«
Das war wie ein Schlag ins Gesicht für
mich.

Am Anfang habe ich im Auto geschlafen, denn jeder Euro, den ich sparen
konnte, war mir wichtig. Das war mental

anstrengend und wirkte auf mich etwas unwirklich, obwohl wir während meiner Kindheit nur mit Wohnmobilen reisten, schlief ich doch die letzten fünfzehn Jahre seit dem Durchbruch ausschließlich in den besten Hotels rund um den Globus.

Daran konnte man sich sehr leicht gewöhnen. Ich parkte in der ersten Zeit meiner Rückkehr zur Straße nachts oft vor dem größten Hotel der jeweiligen Stadt. Dort fühlte ich mich sicherer, da es die ganze Nacht geöffnet war und ich schnell hätte hineinlaufen können, wenn etwas passiert wäre. Als ich nun in Köln spielte, schlief ich vor dem Hyatt Regency Hotel. Das war ein komisches

Gefühl. Vor allem nach so einem Anruf meines Freundes und der Geschichte mit Daniel.

Ich schaute aus meinem Autofenster hoch zur sechsten Etage des Hotels und dachte an ein paar Jahre zuvor. Genau diese Etage des Hotels hatten wir gemietet – komplett! Zwei Jahre lang haben wir praktisch dort gewohnt. Auch hier schliefen damals unsere Fans draußen und umlagerten das Hotel. Sie hofften auf ein Foto oder auf ein Autogramm. Nun schlief ich selbst da, wo früher die Fans campierten. Ein komisches Gefühl war das, wie ich zugeben musste. Am Morgen wollte ich kurz ins Hotel, um dort auf Toilette zu gehen. An der Tür stand der Portier Joe, der auch schon zu unserer

Zeit dort arbeitete. Er begrüßte mich: »Hey Jimmy, Mensch, wie geht es dir? Es tut mir so leid, dass euer Vater gestorben ist. Er war so ein guter Mann und hat mir immer ein super Trinkgeld gegeben.«

»Ja«, höhnte ich innerlich, »ich hätte auch gerne so ein gutes Trinkgeld gehabt wie du!« Wir redeten kurz, und ich sagte ihm, dass ich nur mal schnell zur Toilette gehen wolle. Sofort holte er die Karte für die sechste Etage – die VIP-Etage – hervor, gab sie mir, und ich tat so, als ob es selbstverständlich wäre. Als ich oben ankam, wurde ich von einer Empfangsdame, die ich auch kannte, begrüßt. Mein Blick fiel direkt auf ein riesiges Frühstücksbuffet vom Allerfeinsten. Die Dame fragte sofort, ob ich einen Kaffee,

Tee oder wahlweise einen Champagner haben wolle. Ich verneinte. Auf der Couch, auf der wir schon so oft Interviews gegeben hatten, saßen gerade die Black Eyed Peas vor einem Kamerateam. Ich ging schnell zur Toilette und wusch mich. Auf dem Weg wieder hinaus kam einer unserer früheren Bodyguards, der nun mit den Black Eyed Peas unterwegs war, auf mich zu.

»Hey Jimmy, wie geht es dir?«

»Ja, super«, antwortete ich und stellte höflich die Gegenfrage.

»Ja, sehr gut, wie du siehst, für mich hat sich nichts verändert! Was machst du so?«

»Ich habe jetzt Kinder und genieße das Familienleben«, antwortete ich nur mit halber Wahrheit.

Wir redeten ein wenig über unwichtige Dinge, und nach ein paar Minuten machte ich mich mit einem unbehaglichen Gefühl im Bauch auf den Weg zum Auto. Plötzlich kam mir der Gedanke, ich sollte vielleicht bei der Sicherheitsfirma um einen Job bitten. Diese Aufgabe traute ich mir zu. Und außerdem wusste ich, dass ein guter Bodyguard locker fünfhundert Euro am Tag verdient. Doch die Scham hielt mich davon ab, und ich begab mich wieder auf die Suche nach der nächsten Fußgängerzone.

Die Fußgängerzone in Aachen

Wieder so ein Tag, an dem ich ziellos durch die Straßen gelaufen bin, zögernd und voller Angst, was wohl heute auf mich zukommen würde. Und dazu wieder dieses Scheißwetter. Mein Kopf begann, sich von Neuem zu drehen. Es gab bestimmt drei Plätze in der Aachener Innenstadt, auf denen ich gut hätte spielen können, und doch fand ich immer wieder eine Ausrede, warum es nicht gut wäre, hier aufzubauen. Ich fühlte mich wie ein Boxer vor dem Wettkampf. Mein Herz klopfte, und Millionen Gedanken rasten mir durch den Kopf, unter anderem viele Schuldzuweisungen. Der Bruder oder die Schwester waren schuld an meiner Lage und natürlich immer und immer wieder mein Vater als langjähriger Chef der Familie. Aber wo ist denn jetzt das berühmte »Take my hand« – ein Song, den mein Vater komponiert hatte und den wir jahrelang überzeugt sangen und lebten.

Meine Frau rief mich an, um sich zu erkundigen, wie es mir ging. »Nicht so gut«, gab ich zu.

»Dann komm doch nach Hause«, sagte sie.

Doch etwas in mir raunte mir zu: »Raus mit dir, Jimmy, sing!« Also gab ich mir einen Ruck und versuchte es ein letztes Mal. Ich baute auf und sang. Schon beim ersten Lied fiel mein Blick auf zwei Männer, die mir gegenüber vor einem Geschäft auf ihre Frauen warteten und mir währenddessen zuhörten. Jeder mit einer Babykarre vor sich. Nach zwei Songs zeigte der eine Mann dem anderen seinen Arm und deutete so etwas wie eine Gänsehaut an. Der andere reagierte mit einem beeindruckten Gesicht und nickte, ganz so, als ob auch er berührt wäre von meiner Musik. Das gab mir Kraft. Waren es in den vergangenen Jahren nicht hauptsächlich weibliche Zuhörer gewesen, die wir bei der Kelly Family hatten? Wir waren bei der Jugendzeitung *Bravo* sehr beliebt, und unser Publikum bestand fast nur noch aus Mädchen. »Nun«, dachte ich bei mir, »deswegen bist du auch zurück zur Straße gegangen. Auch Männer sollen deine Musik mögen.« Während des dritten Liedes sah ich, wie die Frauen der beiden wieder aus dem Geschäft kamen und weitergehen wollten. Die zwei Männer kamen jedoch zuvor zu mir, um noch eine CD mitzunehmen. Einer der beiden griff in meinen Gitarrenkoffer, in dem ich die CDs aufbewahrte. Der andere war gerade im Begriff, sein Portemonnaie zu öffnen, um zu bezahlen, als sie den Namen Kelly lasen. Einer der Männer guckte mich an und sagte: »Kelly, huh … Oh neeee!«, Er legte die CD zurück, stieß seinen Freund an und sagte: »Das ist ein Kelly!« »Oh nein!«, stießen beide auf einmal aus, drehten sich um und gingen einfach davon. Es war eine sehr schmerzhafte Erfahrung, die ich als sehr unfair empfand, weil die beiden meine Musik doch eigentlich mochten.

Nach einiger Zeit musste ich eine Pause machen, denn mein Handy klingelte. Es war unser Vermieter, der mir ohne viel Umschweife die Wohnung aufkündigte. »Okay, ich spreche mit meiner Frau und rufe Sie dann zurück« war meine einfache Entgegnung. Ich spielte geschockt weiter. Manche Passanten liefen vorbei, andere hörten kurz zu und gaben mir den einen oder anderen Euro. Meine Moral nahm aber dennoch stetig ab mit jeder Minute, die ich weitersang.

Später am Tag traten plötzlich ein paar Zigeuner vor mich und verlangten Geld von mir. Schutzgeld!

»Vor wem wollt ihr mich schützen?«

»Vor der Polizei«, gaben sie in gebrochenem Deutsch zur Antwort.

»Wie wollt ihr mich vor der Polizei schützen?«, fragte ich.

»Gar nicht. Wenn du nicht zahlst, rufen wir die Polizei, und dann musst du hier verschwinden, weil du nicht mit einer Anlage spielen darfst! Gib uns dreißig Euro!«

Natürlich habe ich nicht gezahlt, mit meiner Ruhe war es aber endgültig vorbei. Ich rechnete jeden Moment mit der Polizei, die mich verjagen würde. So konnte ich nicht länger weiterarbeiten. Ich packte meine Sachen zusammen und lief wieder planlos umher, bis ich an einem Café vorbeikam. In der Tür hing ein großes Schild: »Aushilfe gesucht!« Ich lief weiter, kehrte aber nach hundert Metern wieder um, betrat das Lokal, stellte mich vor und fragte, welche Art von Hilfe benötigt würde. Natürlich fragte ich auch gleich nach der Bezahlung. Der Chef sagte mir, dass sie nach einem Kellner suchten und

die Bezahlung bei gut siebzig Euro am Tag läge. Ich rechnete nach. Siebzig Euro am Tag, fünf Tage die Woche macht dreihundertfünfzig Euro, mal vier Wochen im Monat. Am Monatsende hätte ich tausendvierhundert Euro. Wir tauschten unsere Telefonnummern und vereinbarten einen Termin für die folgende Woche, da er jetzt gerade zu beschäftigt war für ein

und wenig, dann immer heftiger. Ich sang weiter, doch irgendwann musste ich damit aufhören. Es existierte für mich kein anderer Mensch mehr auf dieser Straße, nur noch Jesus und ich. Weinend versprach ich ihm, mich zu ergeben. Ich sank auf die Knie und flehte ihn förmlich an: »Nimm alles von mir, aber kümmere dich um meine Frau und Kinder!«

Weinend versprach ich Jesus, mich zu ergeben. Ich sank auf die Knie und flehte ihn förmlich an: »Nimm alles von mir, aber kümmere dich um meine Frau und Kinder!«

Vorstellungsgespräch. Anschließend lief ich zurück zu dem Platz, an dem ich zuvor abgebaut hatte, stellte meine Anlage wieder auf und begann erneut zu singen. Mein Standort lag genau zwischen zwei Kirchen. Mein Blick fiel auf die gegenüberliegende größere Kirche, auf deren Außenwand ein großes Kreuz mit dem gekreuzigten Jesus hing. Während ich also sang, die Passanten ihres Weges gingen und niemand stoppte, hielt ich ein Zwiegespräch mit Jesus. »Hier bin ich, Jesus. Was soll ich tun? Du weißt, ich glaube an dich, also tu etwas!« Ich vergaß, dass ich mitten auf der Fußgängerzone stand, und sah nur noch Jesus am Kreuz. Nach einer guten halben Stunde, in der ich sang und innerlich zugleich mit ihm diskutierte, musste ich plötzlich weinen. Erst leise

Ich weiß nicht genau, wie lange ich geweint habe, aber ich fühlte mich danach befreit. So als ob ich eine Tonne von Steinen abgeworfen hätte. Innerlich spürte ich einen großen Frieden, so als ob Gott mich erhört hätte. Ich hatte ihm alles übergeben, und der Frieden gab mir Kraft. Aus dem Nichts kam eine Frau mit einem Taschentuch auf mich zu und gab es mir schweigend. Ich stand wieder auf. Ein paar Minuten später erschien ihr Mann mit einem Tee: »Hier, trink das.« Ich bedankte mich gerührt, und sie fragten mich, ob alles in Ordnung sei.

»Ja, alles ist okay.«

»Wir beobachten Sie schon eine Weile. Sie singen sehr gut. Machen Sie weiter so«, gab der Mann mir mit auf den Weg. Nach dieser Pause hatte sich etwas in mir getan. Mit neuer Kraft griff ich wieder zur Gitarre. An diesem Tag sang ich bis spät in den Abend. Zum ersten Mal versammelte sich sogar eine kleine Menschentraube um mich herum. Ich weiß nicht, ob es an meiner Laune lag oder daran, dass die Straße packend voll mit Menschen war. Ich sang wie nie zuvor in meinem Leben. Ich sang, bis die Geschäfte schlossen und noch darüber hinaus, bis kein Mensch mehr auf der Straße war. Jesus und ich waren die Letzten, die übrig blieben.

Endlich wieder daheim angekommen, schüttete ich meinen Gewinn einfach auf dem Boden unseres Wohnzimmers aus. Meine Schwester Patricia, die zu dieser Zeit mit ihrer Familie im Nachbarhaus wohnte und von meiner finanziellen Misere wusste, war gerade bei meiner Frau. Die beiden schauten mich verdattert an, und Patricia rief: »Wo kommst du denn her? Du strahlst ja richtig, was ist passiert? Was ist denn bloß los?«

»Ich war in Aachen auf der Straße, es war der Wahnsinn! Los, helft mir beim Zählen!« Zweimal nahmen wir jede einzelne Münze in die Hand und rechneten alles durch. Beide Male kamen wir auf das gleiche Ergebnis. Ich konnte es kaum fassen. Da hatte ich doch tatsächlich an diesem einen Tag dreihundertelf Euro verdient! Mit einem Schlag wusste ich: »Jimmy, du hast endlich einen Job! Dreihundertelf Euro, nur durch dich allein!

Du hast dein Schicksal angenommen und dich durchgekämpft. Und was einmal geklappt hat, wird auch wieder funktionieren.« Schlagartig war ich motiviert. Meike strahlte übers ganze Gesicht, und ich konnte ihre Erleichterung spüren. Ich nahm den Zettel mit der Telefonnummer des Cafés in Aachen zur Hand, der zusammen mit meinen Tageseinnahmen auf den Boden gefallen war. Ich riss ihn in Stücke und warf die Schnipsel in den Müll. Ich wusste, ich hatte einen Job. Und zwar auf der Straße und als mein eigener Chef. Auch Patricia gratulierte mir zu meinem Erfolg. Schon als Kinder waren wir eng miteinander verbunden, deshalb war es für mich wichtig, sie an meiner Seite zu wissen. Natürlich ahnte sie sofort, dass ich zukünftig weiter Straßenmusik machen würde. Ihre positive Reaktion bestärkte mich darin. Dafür war ich ihr dankbar.

Die nächsten Wochen ging ich immer wieder nach Aachen. Mein Platz blieb die kleine Fußgängerzone zwischen den beiden Kirchen. Der Christus stand noch immer so da wie am ersten Tag. Ich fühlte mich ihm ganz nah. Die überfällige Miete hatte ich nun doch noch bezahlen können und manch andere Rechnung auch. Eines Tages tauchte jedoch die Polizei auch an meinem geliebten Stammplatz in Aachen auf. So musste ich weiterziehen und mein Glück in einer anderen Stadt suchen.

Ignore the moods
Ignoriere deine Launen!

Ich lief durch die Fußgängerzone von Bielefeld. Die Sonne brannte vom Himmel, keine Wolke weit und breit. Eine Hitze, die man kaum ertragen konnte. Das Wetter ist für einen Straßenmusiker sehr entscheidend, und dabei kann extreme Wärme manchmal schlimmer sein als Regen. Ein Händler rief mir zu, dass die Leute heute erst viel später rauskommen würden. »Später, viel später geht es los«, schrie er mir über die Straße zu. Also nahm ich mir die Zeit und lief suchend durch die Stadt in der Hoffnung auf einen guten Platz. Fand ich einen, lief ich dennoch weiter. Nachdem ich eine Weile herumgeirrt war, wurde ich müde von dieser Bullenhitze. Zwar waren ein paar Passanten auf der Straße, doch selbst die schleppten sich lustlos voran. Meine gute Laune war schon wieder dahin. Mir war bewusst, dass die Straße einen dazu zwang, immer wieder von vorn anzufangen. Aber diese Wärme machte mich einfach fix und fertig.

Ein Stückchen entfernt von mir sah ich einen alten Mann auf seinem Akkordeon spielen. Er hatte einen schönen schattigen Platz gefunden. Ich hörte mir einen Song an. Noch hatte er keine Münze in seinem Korb, der vor ihm stand. Aber er spielte unverdrossen. »Was denkst du, wird das heute überhaupt was?

Wird es sich lohnen?«, unterbrach ich sein Spiel. Er schaute mich an, sah meine Gitarre und antwortete: »Junger Mann, die Leichen zählt man am Ende des Tages.« Ich fragte ihn, was er damit meinte. Er erklärte es mir.

»Das heißt: Ignoriere deine Gefühle. Ignoriere, was du fühlst und denkst. Ignoriere das Wetter und die wenigen Passanten. Ignoriere deine Gefühle, geh arbeiten. Arbeite so lange, wie du es geplant hattest, und danach zählst du die Leichen, also das Geld. So, ich muss jetzt weiterspielen. Geh weg, lass mich arbeiten!« Er widmete sich wieder seinem Akkordeon und sang sogar dazu.

Ich machte mich erneut auf den Weg und dachte darüber nach, welch unfreundlichen Charakter dieser alte Mann doch hatte. Und so belehrend, meine Güte! In dem Moment klingelte mein Telefon. Meine Frau rief an. Sie fragte, wie es mir bei der Hitze erginge und ob es gut laufen würde. »Nein, es ist zu heiß, und ich bin schlecht gelaunt. Ich hatte mir mehr erhofft. Und wie ist es bei dir? Wie geht es den Kindern?«

»Ich habe kaum geschlafen. Máires Bauchschmerzen werden einfach nicht besser, und Aimee hängt ständig an meinem Bein. Wenn es nach meiner Laune

> **Mir war bewusst, dass die Straße einen dazu zwang, immer wieder von vorn anzufangen.**

ginge, dann würde ich gerne schlafen, aber es muss ja weitergehen.«

Nachdem wir das Gespräch beendet hatten, kam mir der alte Mann wieder in den Kopf. »Hmmm, vielleicht ist ja doch etwas dran an dem, was er mir gesagt hat. Ich bin doch nicht so weit gefahren, nur um mich wieder von meiner Laune bremsen zu lassen. Meine Frau muss ja schließlich auch ihre Gefühle ignorieren, um die Kinder durchzubringen. Das ist es! Ignoriere deine Gefühle, Jimmy. Die Leichen zählt man am Ende.« Das

erinnerte mich an früher, als ich noch mit meinen Geschwistern in den Fußgänger-zonen spielte. Ich dachte an meinen Vater, an das, was er uns beibrachte, und an unseren Aufenthalt in Paris. Lange Zeit spielten wir dort in der Metro, und häufig hatten wir keine Lust. Dazu gab es ständig Probleme mit der Polizei. Eines Tages sagte mein Vater: »Wir machen einen Plan. Ihr singt fünf Stunden am Tag, sechs Mal die Woche. Das macht dreißig Stunden. Ihr umgeht alle Proble-me und Launen, ihr bringt einfach die

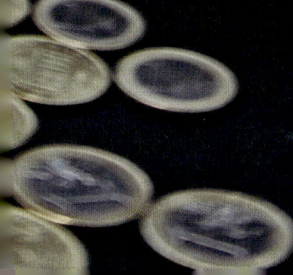

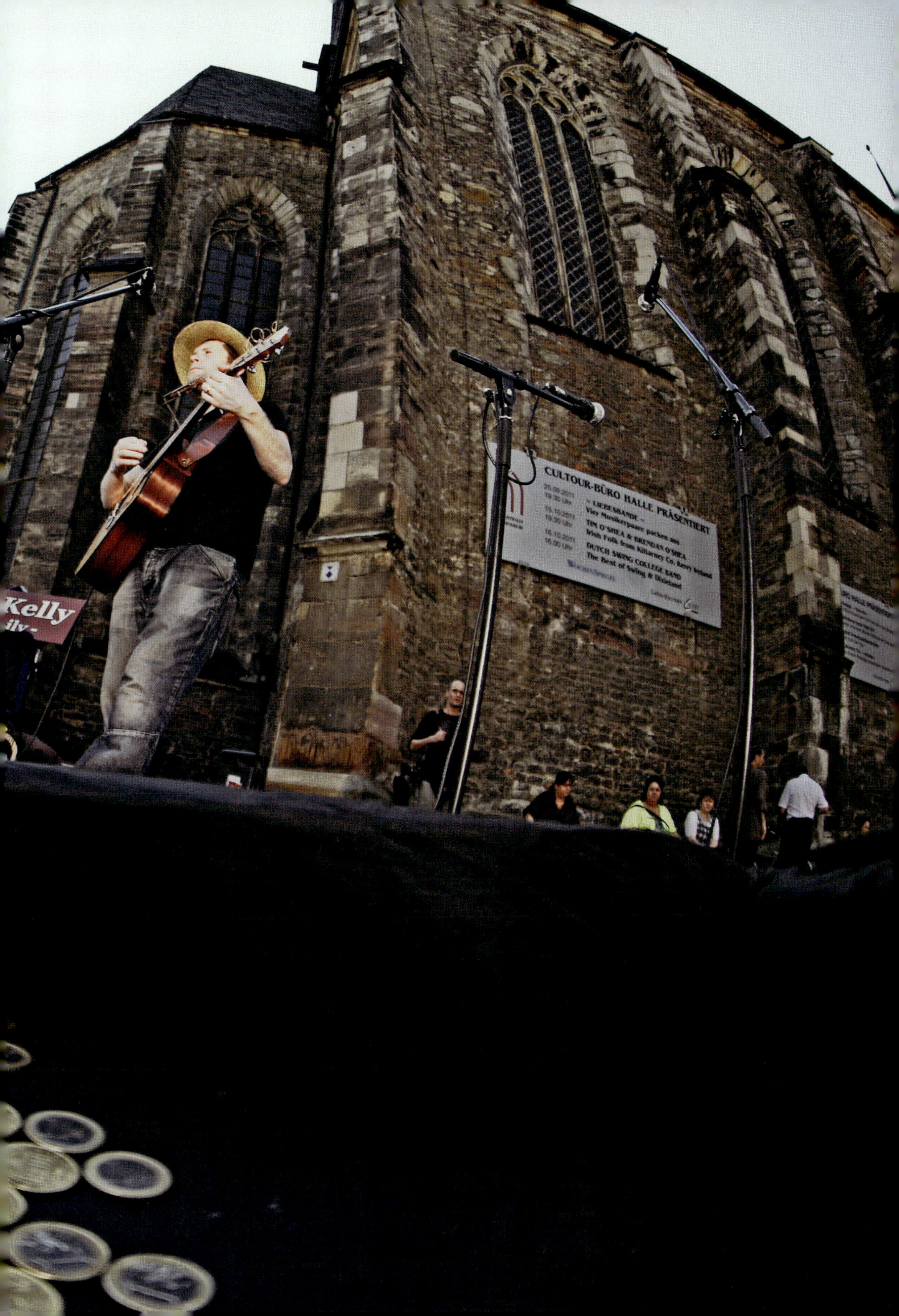

Kelly
CULTOUR-BÜRO HALLE PRÄSENTIERT
Vier Musikerpaare packen aus
15.10.2011
TIM O'SHEA & BRENDAN O'SHEA
Irish Folk from Killarney Co. Kerry Ireland
16.10.2011
16.00 Uhr
DUTCH SWING COLLEGE BAND
The Best of Swing & Dixieland

Stunden rein, das ist das Ziel.« Und tatsächlich war danach alles einfacher. Zwar war es harte Arbeit, da man für fünf Stunden Musizieren den ganzen Tag draußen verbringen musste. Und bestimmte Probleme ließen sich auch nicht vermeiden. Entweder regnete es, oder die Polizei war uns auf den Fersen. Doch wenn das Ziel klar ist, dann schaut man weniger darauf, ob der Tag gut ist, es den Leuten gefällt oder der Platz, auf dem man steht, gut ist oder nicht. Man hat keinen Spielraum, übers Aufhören nachzudenken, man arbeitet einfach an seinem Plan. Der normale Arbeitnehmer muss schließlich auch eine bestimmte Anzahl Stunden in der Woche arbeiten, sonst wird er gefeuert. Irgendwann hatten wir herausgefunden, welche Stunden gut liefen und welche weniger gut. Aber es kam am Ende der Woche immer zu dem gleichen Durchschnitt. Und das ist der eigentliche Lohn der Straße. Mir wurde bewusst, dass das, was der alte Mann mir mit auf den Weg gegeben hatte, richtig war. In meinem Kopf hörte ich die Stimme meines Vaters widerhallen: »Put the hours in, holt die Stunden rein!«

Ich baute meine Anlage auf und legte mir die Gitarre um. »Ignore the moods, Jimmy.« Ich fing an zu spielen, kaum ein Mensch blieb stehen. Und wenn doch, dann nur auf der gegenüberliegenden Straßenseite, weil es dort kühler war.

Manche der Passanten hörten sich den einen oder anderen Song an, warfen ein paar Euros in meinen Gitarrenkoffer oder kauften eine CD. Nach ein paar Stunden war ich trotz meines gefundenen Schattenplatzes fix und fertig. Ein korpulenter Mann machte großen Eindruck auf mich, denn er stand mitten in der Sonne und beobachtete mich schon mindestens eine halbe Stunde. Er hatte ein Bier in der Hand, und auf seinem T-Shirt sah ich eine Frau, die an einer

In meinem Kopf hörte ich die Stimme meines Vaters widerhallen: »Put the hours in, holt die Stunden rein!«

Stange tanzte. Darunter der Spruch »One dollar at the time«. So fühlte ich mich, das war ich. Wie die Frau an der Polestange: One dollar at the time, jeder Dollar hilft!

An diesem Tag bildete sich keine Menschentraube um mich, aber ich spielte, bis die Geschäfte am Abend schlossen. Kurz bevor ich abbaute, ging der alte Mann mit seinem Akkordeon an mir vorbei. »Weiter so!«, rief er mir zu.

Als ich abends im Auto völlig entkräftet mein Geld zählte, war ich erstaunt: zweihundertneunundzwanzig Euro. Es läpperte sich also doch einiges zusammen, wenn man nur seine Gefühle ignorierte.

Stadtfest in
Kassel

Es war frühmorgens, und ich war gespannt. Denn soweit ich mich erinnern konnte, war Kassel immer ein gutes Pflaster. Zumindest damals, als wir als Kelly Family die Stadtfeste für uns entdeckten. Da die ganze Stadt zu dieser Zeit mit Buden und Bühnen mit Beschallung zugebaut war, würde die Polizei oder das Ordnungsamt mich nicht wegen meines Verstärkers verjagen. Das war eine große Erleichterung. Hinzu kam noch, dass dieses Stadtfest gut besucht wurde. Über fünfhunderttausend Menschen wurden über die nächsten drei Tage erwartet.

Ich wollte nichts verpassen und war früh auf der Straße. Die meisten Verkaufsstände waren schon aufgebaut, die Händler an ihrem Platz. Doch es waren nicht viele Menschen unterwegs, da es an diesem Tag brütend heiß war. Trotzdem wusste ich, dass dies egal war. »Ignoriere deine Launen – die Leichen zählt man am Ende des Tages.« Also suchte ich nach einem guten Platz. Leider war keiner im Schatten zu finden. Deshalb baute ich trotz praller Sonne an einer strategisch guten Stelle mein Mikrofon auf und holte meine Gitarre heraus. »Ignoriere das Wetter«, hatte mir der Alte mit dem Akkordeon in Bielefeld gesagt – »Ignore the moods, Jimmy!« Ich begann zu singen, doch niemand blieb stehen. Nur manchmal warf jemand einen Euro im Vorbeigehen in meinen Kasten. Ich ignorierte meine Gefühle und sang tapfer weiter. Plötzlich kam ein Mann direkt auf meinen Koffer mit den CDs zu, nahm eine und sagte: »Das gibt es doch nicht, bist du einer der Kellys? Jimmy Kelly

steht ja hier auf deiner CD … bist du von der Kelly Family?«

»Ja, das bin ich.«

»Wow! Was machst du denn hier mitten in der vollen Sonne? Ich stehe schon seit fünfzehn Minuten dort drüben und höre dir zu.«

»Ich stehe hier und ignoriere meine Gefühle«, gab ich ihm zur Antwort.

»Deine was?«, fragte er.

»Meine Gefühle«, wiederholte ich.

»Aber du wirst noch einen Sonnenbrand bekommen, wenn du weiterhin hier stehen bleibst.« Er schaute mich an, als sei ich gerade aus einem Irrenhaus geflüchtet.

»Egal«, erwiderte ich, die Sonne und meine Gefühle weiterhin ignorierend.

Er war erstaunt: »Ich heiße Tom, und ich bin auch Straßenmusiker. Ich stehe da vorne unter den Bäumen mit meinem Partner Mark Gillespie aus England. Wir spielen aber erst ab dem späten Nachmittag bis in den Abend hinein. Vorher lohnt es sich bei der Hitze nicht. Wenn du möchtest, kannst du unseren Platz haben, bis wir anfangen. Es ist schön kühl unter den Bäumen.«

Ich verneinte und bedankte mich, schließlich wusste ich, was ich tat. »Die Leichen zählt man am Ende des Tages«, machte ich mir erneut bewusst und spielte unverdrossen weiter. Ein wenig später kam Tom nochmals mit seinem Kollegen Mark zu mir rüber, und sie schauten sich eine Weile an, wie die Passanten an mir

vorbeiliefen oder vielleicht für einen Song stoppten, während meine Stimme durch die Straße hallte. Mark kam zu mir und stellte sich vor.

»Hi, ich bin Mark. Du singst wirklich schön, aber wenn du ein Schild mit deinem Namen hinter dir hättest, würden einige bestimmt schon aus reiner Neugier stehen bleiben. Erst musst du dich präsentieren, dann kannst du sie mit deiner Stimme überzeugen! Nutz doch deinen Bonus, einer der Kellys zu sein.«

»Aber ich bin nicht so. Ich bin bereit, ehrlich zu arbeiten. Die Leute sollen mich belohnen für meine Leistung«, entgegnete ich. Und still in mir dachte ich: »Ihr seid doch nur neidisch auf meinen Platz.«

»Okay«, sagte Mark, »dann mach weiter so!«

Ich sang und sang, und trotz der Hitze lief es auch ganz ordentlich. Um die hundert Euro hatte ich vielleicht schon verdient. Bis sechzehn Uhr sang ich nonstop. Auf einmal ging meine Anlage aus,

es funktionierte nichts mehr. Die eingebaute Batterie des Verstärkers, die maximal fünf Stunden hielt, war komplett leer. Ich packte also meine Sachen zusammen und wusste nicht, wohin. Ich ging kurz unter die Bäume, um Schatten zu finden und die Kühle zu genießen. Ich sah Tom auf mich zukommen.

»Wie siehst du denn aus? Deine Haut ist ja rot wie eine Tomate.«

»Wenigstens habe ich ein paar Euro in der Tasche und du nicht«, gab ich zurück.

»Schön, das freut mich für dich«, sagte er, »und warum spielst du nicht weiter? Es geht doch erst jetzt so richtig los. Wir fangen jetzt gleich an und spielen durch bis heute Nacht um zwei Uhr, das wird bombastisch!«

Ich antwortete nicht mehr als: »Batterie ist leer.« Der Neid der Musiker, das war hier auf der Straße nicht anders als im Showgeschäft. Ich erinnerte mich noch gut an die ganzen Preisverleihungen und Shows, jeder war nett zu jedem. Nur hintenherum hörte man oft anderes: »Schreckliches Volk, die Künstler. Für Geld und Ruhm sind sie alle zu kaufen.« Der Ellbogen ist stets schön versteckt, aber jederzeit einsatzbereit. Du kannst keinem vertrauen. »Guck doch mal, was aus deiner eigenen Familie geworden ist, Jimmy«, dachte ich. Jeder für sich, das ist das Naturgesetz – wie traurig.

Mark stand auf einmal wieder neben mir. »Hey Jimmy, komm doch mal mit. Tom hat mir erzählt, dass deine Batterie am Ende ist. Ich habe da etwas für dich!« Zögerlich ging ich hinterher. Zweihundert Meter weiter parkte Mark mit seinem Wohnmobil. Er öffnete die Tür und bat mich herein. Ich verneinte. Da steckte ein kleines, hübsches Mädchen seinen Kopf heraus. »Das ist meine Tochter. Sag Hallo zu Jimmy, er ist ein Freund!« »Freund«, dachte ich, »wieso Freund?« Auch seine Frau schaute heraus und begrüßte mich freundlich. Für einen Moment sah ich mich selbst in Mark und seiner Familie. Tom kam mit einer Karre herbei, und die beiden luden eine riesige Batterie aus dem Wohnmobil auf. Dann holte er Kabel, schaute sich meine Anlage genauer an und schloss sie an die Batterie an. Er holte einen Transformator, und schon funktionierte meine Anlage wieder einwandfrei. »So, da haben wir es. Jetzt kannst du wieder spielen!«, bemerkte Mark, und seine Frau gab mir noch Babysonnencreme, die ich mir auf Gesicht und Hände verteilte. Beide Musiker halfen mir, das Equipment wieder zurück in die Fußgängerzone zu schaffen. Dieses Mal auf den Platz, auf dem der Alte gestanden hatte, denn er war inzwischen weg. Ich hatte nun Schatten, eine volle Batterie, und die Leute kamen endlich aus ihren Häusern. Die Stadt wurde richtig voll.

»Wenn du fertig bist, bring uns die Sachen einfach wieder, du weißt ja, wo wir stehen. Wir müssen jetzt auch

spielen. Jetzt geht es richtig los!«, sagte Mark und machte sich mit Tom auf den Weg. Ich stand da und kam mir ziemlich doof vor, hatte ich doch so mies über die beiden gedacht. Und tatsächlich, sie behielten recht, denn jetzt gegen Abend lief es wirklich besser. Ich weiß nicht, ob es am Schatten, den Menschen oder meiner Laune lag, aber es lief so gut, dass ich bis zweiundzwanzig Uhr spielte. Und meine Taschen waren voller Geld. Danach ging ich zu Mark und Tom unter die Bäume und hörte mir eine Stunde ihre Musik an. Wahnsinn, Mark hatte die beste Stimme, die ich seit Joe Cocker gehört hatte, und Tom spielte Jethro Tull mit seiner Querflöte in Grund und Boden. Entsprechend groß war ihr

Publikum, und sie verkauften CDs ohne Ende. Wow, das waren wirklich Profis. Am Ende saßen wir noch eine Weile zusammen und genossen unseren Erfolg.

»Komm, wir gehen jetzt den besten Döner Deutschlands essen«, lud Tom mich ein. Es war der größte Döner, den ich je in meinem Leben gesehen hatte. Und trotz der späten Stunde standen mindestens hundert Leute in einer Reihe vor dem Döner-Wagen an. Alle wollten einen Döner, um zwei Uhr nachts. »Das wird ja Stunden dauern«, sagte ich zu Tom.

»Nein, ich kenne den Chef.«

Wir gingen hinter den Wagen, und da saß ein Riese Mitte dreißig auf einem Hocker und schälte Zwiebeln. Zwei

Eimer hatte er schon voll, aber noch keine einzige Träne in den Augen.

»Darf ich vorstellen, das ist mein Freund aus dem Iran. Und das hier ist Jimmy. Der ist neu hier, aber jetzt schon einer von uns. Er kommt aus Irland«, stellte Tom uns vor. Anschließend schrie er in den Wagen hinein: »Amila, Amila!«

Die Tür ging auf, und eine wunderschöne Iranerin schrie zurück. »Waaaaas? Ach, Tom, du bist es. Willst du einen Döner?«

»Ja, gerne«, gab Tom zurück, »aber auch einen für meinen Freund Jimmy.«

Im Wagen arbeiteten vier Frauen. Es war ein Familienunternehmen. Jahrein, jahraus war der Chef mit seiner Frau und seinen drei Töchtern unterwegs und verkaufte Döner. Als ich einen probierte, konnte ich gut verstehen, warum so viele Menschen vor dem Wagen standen und warteten. Es war wirklich der beste Döner aller Zeiten. Als ich bezahlen wollte, winkte Toms Freund ab. Nein, ich solle nichts bezahlen, schließlich war ich doch Toms Freund. Ich war gerührt. Wir redeten eine Zeit lang miteinander, und während des Gesprächs diskutierten wir die Frage, was das Besondere daran sei, Straßenmusiker zu sein. »Der Überraschungseffekt«, bemerkte Tom richtig, »wir sind wie Blumenverteiler. Wir überraschen die Passanten mit einem Song, so als ob man einfach auf jemanden zugeht und ihm eine Blume überreicht!«

Als ich in dieser Nacht in meinem Auto saß und die »Leichen des Tages« zählte, kam ich auf sechshundert Euro. Es war das erste Mal, dass ich so viel an einem Tag verdient hatte. Heute war ich selbst also der Überraschte. Ich rief meine Frau an, von der ich sowieso wusste, dass sie bestimmt gerade wach sein und Máire stillen würde, und erzählte ihr von meinem Erfolg. Auch sie war begeistert.

Drei Tage blieb ich in Kassel, bis sich das Stadtfest dem Ende zuneigte und mir meine Stimme versagte. Ich war heiser und erschöpft. Nach diesem Wochenende ging ich mit insgesamt tausendvierhundertdreiundsiebzig Euro nach Hause. Und, was ebenso wichtig war, mit ein paar neuen Freunden im Herzen. Mir war bewusst, dass die Straße mir mehr geben würde, als ich erahnen konnte. »Was für ein Job«, dachte ich, »Menschen zu überraschen, um wiederum selbst überrascht zu werden.«

Mir war bewusst, dass die Straße mir mehr geben würde, als ich erahnen konnte.

Das Kelly-Schild

Von nichts kommt nichts

Die These meines Vaters war aufgegangen: Mit nur drei Songs ermöglichte ich mir einen Job, mit dem ich unseren Lebensunterhalt verdiente. Ich hielt zwar noch nicht ganz den Kopf über Wasser, denn die anfänglichen dreißigtausend Euro Schulden waren noch nicht abbezahlt, aber ich konnte wieder meine Miete bezahlen und andere Rechnungen auch. Teils in Raten, aber immerhin. Meine Moral verbesserte sich zusehends. Ich musste nur weiterhin am Ball bleiben und arbeiten. »Ignore the moods – Ignoriere die Launen«, das war mein Motto geworden. »Aber bleib auch offen für Neues, und nutze dein Gehirn«, fügte ich als neue Erfahrung dem Motto hinzu.

Da meine Frau von der Insel Fehmarn stammt, fuhren wir über den Sommer dorthin. Sie blieb mit den beiden Kleinen bei meinen Schwiegereltern, und ich tingelte die Ostseeküste entlang. Auch kleinere Städtchen wie beispielsweise Wismar waren im Sommer voller Menschen, gerade dann, wenn der Himmel etwas grau war. Dann kamen die Touristen lieber in die Stadt zum Shoppen, statt an den Strand zu gehen. Und wer wartete dort auf sie? Richtig, der Jimmy Kelly mit seiner Gitarre. Mittlerweile hatte ich mir sogar ein Schild mit meinem Namen anfertigen lassen. So wie Mark es mir in Kassel geraten hatte. Viele Leute fragten trotzdem noch nach, ob ich etwas mit der Kelly Family zu tun hätte. Also ließ ich mir ein zweites Schild anfertigen. »Jimmy Kelly« stand darauf und darunter »The Kelly Family«. Das half. Viele stoppten erst mal allein wegen des Namens. Doch singen musste ich trotzdem, um die Kasse klingeln zu lassen. Ich war froh, dass ich nun nicht länger die ständige Frage nach meiner Zugehörigkeit zur Kelly Family beantworten musste. Zugleich war ich erleichtert, dass ich durch dieses Schild ein für mich selbst klares Bekenntnis zu meiner Familie und der Vergangenheit abgegeben hatte. Es war doch so, dass ich zum ersten Mal in meinem Leben versuchte, herauszufinden, wer ich eigentlich bin. Und dann kehrte ich ausgerechnet dorthin zurück, von wo ich kam, und wurde ständig mit den Geistern der Vergangenheit konfrontiert, die

»Ignore the moods – Ignoriere die Launen«, das war mein Motto geworden.

ich doch eigentlich versuchte abzuschütteln. Das war ein ständiger Konflikt. Eigentlich war der Name Kelly ein Fluch für mich. Aber er war verdammt noch mal meine Identität, und ich konnte und wollte mich nicht länger davor verstecken. Durch mein neues Schild hatte ich somit das angenommen, vor dem ich versuchte, so dringend wegzukommen. Es war eine regelrechte Befreiung für mich. Es war der Beginn meines langen, aber guten Weges, für mich aus dem Namen Kelly einen Segen zu machen.

Als ich eines Tages in Grömitz auf der Promenade musizierte, kam ein anderer Musiker auf mich zu.

»Bei dir klappt es so gut, weil du einen Namen hast!«

»Nein«, antwortete ich, »ich muss trotzdem singen. Guck mal, hier ist meine Gitarre. Und jetzt sing mal. Ich lasse das Schild hinter dir stehen, und wir schauen, was passiert!«

Tatsächlich stoppten ein paar Passanten, aber sie gaben kein Geld. Ein Passant fragte sogar, ob der Sänger einer der Kellys sei, aber er gab ihm trotzdem keine einzige Münze. Eine Frau kam dagegen auf mich zu und kaufte mir eine CD ab, weil sie mich schon vorher hatte singen hören. »Ihre Stimme ist sehr schön«, sagte sie zu mir.

Und so stand ich da und wartete zwanzig Minuten. Kein Mensch warf etwas in den Korb, und bald gab der Musiker auf. »Siehst du, der Name allein

reicht nicht«, sagte ich ihm, »man muss ja doch etwas können. Ich bin mir sicher, dass mein Name hilft, trotzdem muss ich arbeiten.« Das gilt für jeden und überall. Auch Brad Pitt ist ein bekannter Mann, würde er aber keine Filme mehr drehen, hätten wir ihn sehr schnell vergessen. Er muss arbeiten, um gut im Geschäft zu bleiben. Von nichts kommt nichts.

»Ja, aber manche haben eben mehr Glück als andere«, ließ der Musiker mich wissen.

»Ignoriere deine Gefühle, spiel einfach, Junge, sing. Schau dir die Möwen hier an. Die suchen ihr Futter, egal, ob es regnet, die Sonne scheint oder ob es nebelig ist.«

Doch ich spürte, dass die Diskussion mit ihm keinen Sinn machte. Und mir dämmerte auch, warum. Er hatte keine Kinder. Er war allein, frei und schlief bei Freunden. Er hatte keinen großen Grund zu arbeiten. Wenn der Mensch nicht wirklich arbeiten muss, dann tut er es auch oftmals nicht. Zum ersten Mal seit Jahren nahm ich mich selbst wahr: meine Stimme, meinen Namen, meine Gesundheit und vieles mehr, weil mich jemand brauchte – meine Frau und meine Kinder. Der junge Musiker, den ich damals in Grömitz traf, war kerngesund und hatte keine Verpflichtungen gegenüber anderen, wie beispielsweise Kindern oder einem Vermieter. Er reiste umher wie ein Hippie. Eigentlich war er ein angenehmer Typ, nur in dem Moment unserer

Begegnung total vom Neid geblendet, da er glaubte, das Leben wäre für mich einfacher als für ihn. Er war überzeugt davon, dass mein Erfolg auf der Straße mehr mit meinem Namen als mit echter, harter Arbeit zu tun hatte.

Meist leben wir unseren Herzenswunsch oder unsere Träume deshalb nicht, weil wir sie nicht zwingend umsetzen müssen.

Mein Bruder Angelo glaubt, dass viele Menschen einfach jahrelang gar nichts tun würden, wenn sie nicht naturgemäß Hunger hätten und essen müssten. Da ist etwas dran. Wir müssen Hunger haben oder, anders gesagt, uns muss etwas fehlen, damit wir in Bewegung kommen. Die Idee, dass der Mensch nur aus reiner Notwendigkeit agiert, finde ich interessant. Früher, als ich jung und wild war, studierte ich Film. Da brachte ein guter Drehbuchautor mir bei, dass der Held der Geschichte aus Notwendigkeit agieren muss, um glaubwürdig zu sein. Manchmal geht es ums pure Überleben, manchmal verliebt der Held sich. Aber immer handelt er aus Mangel an etwas. Auf Englisch würde man sagen: »You got to act out of necessity.«

Und so wurde mir auch klar, warum es bei mir lange immer nur bei dem Wunsch geblieben war, wieder auf der Straße zu spielen: Ich hatte es bis zu einem gewissen Zeitpunkt einfach nicht nötig. Meist leben wir unseren Herzenswunsch oder unsere Träume deshalb nicht, weil wir sie nicht zwingend umsetzen müssen. Wir glauben, auch so zurechtzukommen.

Meine Begegnung
mit den Punks

»Hast du es nötig, auf der Straße zu spielen?« ist eine der häufigsten Fragen, die ich gestellt bekomme. Am Anfang traute ich mich nicht, die Wahrheit zu sagen, und antwortete stets in etwa so: »Nein, nein, das mache ich nur aus Spaß. Ich bin hier im Urlaub und dachte mir, ich probiere es mal spontan aus, wieder Straßenmusik zu machen!«

Manchmal kamen auch Journalisten auf mich zu und schrieben anschließend Artikel über meine Rückkehr auf die Straße. In der *Ostsee Zeitung* gab es einmal einen großen Artikel mit der Überschrift »Ein Kelly ohne Starallüren«. »Jimmy Kelly auf der Suche nach Inspiration«, »Jimmy Kelly, ein Mitglied der weltberühmten Kelly Family, spielte gestern in Wismar auf der Straße«, so oder so ähnlich schrieben sie über mich.

Natürlich versuchte ich, die Medien zu meiden. Sie kontaktierten mich und wollten über mich berichten, aber ich flüchtete von Stadt zu Stadt, so wie ein Fuchs vor der Hundemeute im Wald verschwindet.

Es tat mir weh, dass ich die Leute anlog, wenn sie mich fragten, warum ich auf der Straße musizierte. Denn eigentlich hatte ich doch nichts zu verheimlichen. Nur einige meiner Geschwister waren nicht mit dem einverstanden, was ich hier tat, stellte ich doch dadurch das gesamte Familienbusiness infrage. Eine Schlagzeile wie »Die Kelly Family ist pleite« wollten einige Brüder und Schwestern lieber vermeiden, schließlich ist ein gutes Image mit das größte Kapital.

Ich war im Konflikt, da ich die Leute auf der Straße immer mehr lieb gewann

und sie deshalb nicht länger anlügen wollte. Genau darum kehrte ich doch dem Showgeschäft den Rücken zu, damit ich endlich nur ich selbst sein konnte mit all meinen Stärken und Schwächen. Vor allem wollte ich für die Menschen ein offenes Buch sein. Eines Tages habe ich eine Erfahrung gemacht, die

meine ganze Lügerei für immer verändern sollte.

Hanse Sail Rostock, sieben Uhr dreißig am frühen Morgen. Ich stand kampfbereit für den Tag auf der Straße. Eine Million Menschen wurden in den nächsten vier Tagen zu diesem Großereignis erwartet. Ich hatte mir den besten Platz

Kurz vor zehn Uhr fing ich an zu singen. Die Menschen kamen langsam, aber sicher aus ihren Häusern und erweckten die Stadt zum Leben. Ziemlich schnell versammelte sich eine Menschentraube um mich herum. Die Zuhörer kauften CDs, spendeten gutes Geld, und ich dachte: »Volltreffer! Jimmy, du hattest recht. Bis hierherzufahren hat sich gelohnt. Das spüre ich schon jetzt.« Das Publikum applaudierte nach jedem Song.

Doch mit einem Mal standen circa fünfzehn Punks mit ihren Hunden vor mir. Sie setzten sich hin, genau vor meinen Gitarrenkoffer. Die Hunde bellten, und die Punks waren sehr laut. Ich sang weiter, als ob nichts wäre. Vielleicht wollten sie ja nur ein paar Songs hören und gingen dann weiter. Doch einer von ihnen krabbelte auf meinen Koffer zu und fing an, mein Geld zu zählen. »Wahnsinn, guckt euch das mal an!«, schrie er den anderen zu. Er holte sich eine Whiskeyflasche von seinen Kumpels und trank. So, wie er sich benahm, ging ich davon aus, dass er der Anführer der Bande war. »Jimmy, sing einfach weiter«, dachte ich bei mir. Auch die meisten Zuschauer ließen sich nicht stören, hörten weiter zu, nahmen eine CD oder gaben mir einen Euro. Mein Publikum bestand aus ungefähr hundert Passanten, und ich dachte: »Wenn mir etwas passiert, dann bin ich wenigstens nicht allein.« Ich musizierte beruhigt weiter. Ein alter Mann motivierte mich

in der Fußgängerzone geschnappt. Der frühe Vogel fängt den Wurm, wie man so schön sagt. Die Müllmänner in den Straßen, die Möwen und die nackten Figuren auf dem »Porno Brunnen« oder, korrekt gesagt, auf dem Brunnen der Lebensfreude waren die einzigen Gestalten um diese Uhrzeit in der Stadt.

zusätzlich: »Lassen Sie sich nicht stören, Sie singen toll, weiter so!«

Doch auf einmal stand der Anführer auf, ging auf mein Schild zu und las meinen Namen. Er starrte mich lange an, bevor er schrie: »KEEEEEEELLY!« Danach drehte er sich um und informierte mit lautem Gegröle seine Kumpels: »Das ist ein Kelly!« Die anderen antworteten einstimmig: »Kelly, uuuurgh, Kelly …« Selbst die Hunde fingen an zu bellen, während der Chef der Punks mir zu verstehen gab, dass ich verschwinden sollte. »Hey Kelly, weg hier, das ist unser Platz. Hau ab, Kelly.« Die anderen lachten lautstark. Eine Dame aus der Menge kam nach vorn, warf einen Euro in meinen Koffer und bat die Punks aufzuhören. Die Antwort des Oberpunkers ließ nicht auf sich warten: »Fick diiiiich, Omiiii!« Seine Mitstreiter wieherten vor Freude, als er dazu einen ihrer Hunde nahm und so tat, als begattete er ihn von hinten.

Ich wusste nicht, wie ich reagieren sollte, und tat einfach so, als ob mich ihr Verhalten gar nicht beeindrucken würde. Innerlich kroch langsam die Angst in mir hoch. Mein Herz schlug immer schlimmer, denn ich ahnte, dass dies gerade erst der Auftakt für das Spielchen der Punks war. Das Publikum fühlte sich jetzt gestört, das spürte ich genau. Doch niemand verließ den Ort des Geschehens, alle hörten weiter zu und applaudierten mir. Die Punks grölten und johlten, als gelte der Applaus ihnen, und ihre Gruppe stieg in den Beifall ein. Ich stand da und wollte einfach nicht den Eindruck vermitteln, dass ich Angst hatte, obwohl mir das Herz förmlich in die Hose rutschte.

Auf einmal kam der Anführer der Punks auf mich zu und schrie mir direkt ins Ohr: »Kelly, hau ab, verpiss dich hier, das ist unser Platz!« Daraufhin nahm er mein Mikro und rülpste laut hinein. Ich hörte auf und bat ihn, doch bitte das Rülpsen einzustellen und mir das Mikro zurückzugeben. Er schaute mich an, schmiss mein Mikrofon auf den Boden und fing an, die Passanten wüst zu beschimpfen. Ein anderer Punk stand aus der Gruppe auf und schrie immer wieder: »Haut ab hier, das ist unser Platz.« Wieder nahm der Anführer mein Mikro zur Hand und rief obszöne Dinge hinein. »Deine Mutter ist eine Nutte!« Das war zu viel. Ich ging zum Verstärker und schaltete ihn aus. Ich bat um mein Mikrofon, doch er warf es wieder auf den Asphalt, weil er merkte, dass es nicht mehr funktionierte. Daraufhin steckte er sich einen Finger in den Hals und übergab sich auf, meinen Gitarrenkoffer und auf meine Kabel. Das heizte die Gruppe weiter auf, und sie fingen an, meine Sachen herumzuwerfen und anzuspucken. Langsam, aber sicher stieg regelrechte Panik in mir auf. Wo sollte das bloß noch hinführen? Warum kam mir niemand zu Hilfe?

Doch gerade als die Situation anfing, aus dem Ruder zu laufen, hörte ich einen Mann aus dem Publikum rufen: »Rostock hat doch wohl genug Dreck am Stecken, lasst uns das hier nicht erlauben. Kommt, helfen wir Jimmy Kelly!« Ich sah, wie sich meine Zuhörer langsam zwischen mich und die Punks schoben. Ein Mann schubste sogar einen der Punks zur Seite, sofort fingen deren Hunde wieder laut an zu bellen.

»Ich werde dich verprügeln, Jimmy Kelly, so wie ich es damals mit deinem Bruder getan habe. Der ist weggelaufen wie eine kleine Nutte«, tönte es aus dem Mund des Chefs. Aber meine Zuschauer beschützten mich und meine Anlage. Einer von ihnen musste die

Polizei angerufen haben, denn als einige der Punks anfingen, sich mit einzelnen Passanten zu prügeln, fuhren auf einmal drei große Vans der Spezialeinheit der Polizei vor. Sie waren eigentlich startbereit für einen Einsatz im Hafen gewesen, hatten dann aber ihren Einsatzort aus aktuellem Anlass geändert. Fünfzehn Polizisten stürmten in die Menge, und innerhalb weniger Minuten hatten sie einige der Punks festgenommen. Die restlichen Punks waren mit ihren Hunden abgehauen. Im ersten Moment war ich total erleichtert, dass die Polizei die gefährliche Situation entschärfte, doch schon einen Augenblick später schoss es mir durch den Kopf: »Oh, scheiße, jetzt werden sie dich auch festnehmen.« Mir

war eingefallen, dass ich ja gar keine Genehmigung hatte. Zu meiner großen Überraschung fragte mich lediglich ein Polizist freundlich, ob ich Anzeige erstatten wollte. Einige aus dem Publikum hatten bereits als Augenzeuge zu meinen Gunsten ausgesagt. Aber ich wollte keine Anzeige erstatten, denn ich war so weit okay. Viele Leute aus meinem Publikum waren noch immer da. Der ein oder andere entschuldigte sich bei mir für seine Stadt, und eine Frau wischte sogar das Erbrochene von meinem Koffer.

Die Polizei nahm die randalierenden Punks mit, und ich unterhielt mich mit einigen der Passanten über den Vorfall. Einer brachte mir einen Tee, den er im Café gegenüber für mich gekauft hatte. Ich war fassungslos, hatte ich doch nie mit so viel Zivilcourage und Fürsorge meines Publikums gerechnet. Nach über einer Stunde Pause fragten mich viele, ob ich nicht wieder musizieren wollte. Zwar war ich mit den Nerven am Ende, willigte aber dennoch ein. Nachdem meine Sachen wieder gesäubert waren, konnte ich erneut singen. Für eine Stunde lief alles gut, dann fing es leider an zu regnen. »Der Chef da oben schickt uns alle nach Hause«, dachte ich bei mir. Die Fußgängerzone war auf einmal wie leer gefegt. Der Regen reinigte die Straße, nicht mal eine Maus war mehr unterwegs. Ich packte meine Sachen zusammen und ging zurück zu meinem Auto, das ich im Parkhaus geparkt hatte.

Und dort schlief ich dann auch in dieser Nacht. Doch richtig einstellen wollte sich der Schlaf nicht. Ich wachte jede halbe Stunde auf, immer die Punks erwartend, die aus Rache vielleicht in mein Auto einbrechen würden. Vermutlich hatten sie mich beobachtet und waren mir gefolgt. Irgendwann musste ich doch vor Erschöpfung eingeschlafen sein. Als ich am nächsten Morgen erwachte, war es wieder schön und sonnig. Die Fußgängerzone war vom nächtlichen Regen gesäubert. Auf dem Weg zu meinem Lieblingsplatz am »Porno Brunnen« sah ich die Punks schon von Weitem. Sie saßen auf meinem Platz. Dieses Mal waren es mehr Punks als gestern. Da es noch so früh am Morgen war, waren kaum andere Passanten unterwegs. Mein Herz schlug schneller, ich schwitzte plötzlich wie verrückt. Die Gruppe war zum Glück noch nicht auf mich aufmerksam geworden, ich hätte somit unauffällig umdrehen und verschwinden können. »Du musst aus der Stadt raus, Jimmy, sonst gibt es Randale«, war mein

einziger Gedanke. Gestern war ich mit viel Glück nochmals davongekommen, ein Gefahrensucher durfte und wollte ich nicht werden.

Aber ich lief weiter, geradewegs auf die Gruppe zu. Mein Körper bewegte sich automatisch. Als ich vor ihnen stand, bellten die Hunde sofort wieder lauthals, und einer der Punks informierte die anderen: »Ey, guckt mal, der Kelly ist wieder da!« »Oh shit«, grölte ein anderer. Ich ging auf ihren Anführer zu, der weiter hinten in der Gruppe saß, während ich von allen Seiten genau beobachtet wurde. »Oh, oh, jetzt geht es los«, meinte ich zu hören. Scheinbar völlig unbeeindruckt baute ich mich direkt vor dem Chef auf.

»Guten Morgen«, sprach ich ihn an.

»Was? Du hast Eier, einfach auf mich zuzukommen, jetzt, da keiner hier ist, um dich zu schützen!«

Er schaute mir verdutzt ins Gesicht, als ob ich einen Witz gemacht hätte. Ich machte ihm klar, dass ich gerne mit ihm reden wollte. Er hatte aber anscheinend keine Lust auf ein Gespräch.

»Geh besser weg, bevor ich aufstehe. Denn dann prügele ich dich und schmeiße dich ins Hafenbecken, damit die Fische Frühstück bekommen! Also hau ab. Wegen dir habe ich die Nacht im Knast verbracht. Ich bin müde, das ist dein Glück!«

»Du hast die Nacht im Knast verbracht, weil du mich blöd angemacht hast. Du bist selbst daran schuld«, kam es aus mir heraus. Manche der Punks hatten uns umzingelt.

»Warum bist du nicht einfach gegangen, als ich es dir gesagt habe?«

»Willst du die Wahrheit wissen? Ich habe eine Frau und zwei kleine Kinder, und wir brauchen Geld. Darum spiele ich hier auf der Straße. Ich ernähre meine Familie damit. Ich habe zu Hause tonnenweise Rechnungen und Mahnungen auf dem Tisch liegen.«

»Wieso brauchst du Geld? Bettelst du hier wie wir? Ihr seid doch Millionäre, du und deine Familie.«

»Wir haben uns zerstritten, und ich habe nichts vom Erbe abbekommen. Als mein Vater starb, trennten wir uns, und ich musste zurück zur Straße, weil ich kein Geld mehr hatte. Mein Vater hinterließ kein Testament, und wir streiten uns bis heute um das Erbe. Und bis ich etwas davon sehe, werde ich hart arbeiten müssen, denn meine Kinder brauchen mich!«

»Und was ist mit eurem Schiff hier im Hafen?« Tatsächlich stand unser riesiger, sechzig Meter langer Dreimaster im Rostocker Hafen.

»Meinst du, es macht Spaß, mir das anzusehen? Dieses Schiff gehört zu einem Neuntel mir, und tagtäglich laufen die Menschen an und von Bord. Bezahlen gutes Geld für eine Fahrt. Ich bekomme nicht mal einen Cent dafür, obwohl es auch mein Schiff ist.«

»Wie kann das sein?«, fragte er. »Ist es nun dein Schiff, oder nicht?«

»Klar ist es auch meines, aber wir sind zerstritten, und ich habe nichts davon.« Jetzt hatte ich die volle Aufmerksamkeit der Punks und fasste tapfer all meinen Mut zusammen.

»Weißt du«, sagte ich, »du bist doch neben Anführer noch zusätzlich ein Snob und Landbesitzer …«

»Halt! Ich bin kein Snob, ich bin Punk!«

»Nein, bist du nicht. Gestern sagtest du zu mir, dieser Platz wäre deiner und darum sollte ich gehen. Genau dasselbe veranstalteten die Engländer mit den Iren und anderen Ländern. Seit Hunderten von Jahren kolonisieren sie die Welt und nehmen Besitz von Ländern. Sie sagen: ›Geht weg, das ist unser Platz!‹ Genauso wie du es mit mir getan hast. Vielleicht bist du mit der Queen von England verwandt.«

Da fing der Punk an zu lachen: »Ich ein Snob und mit der Queen verwandt!«

Die anderen lachten, und der Chef kam mit seinem Gesicht ganz nah an meines und sagte, während ich zitterte wie Espenlaub: »Du, ich mag dich. Du gefällst mir!« Mir fiel ein Stein vom Herzen. Er gab mir seine Whiskeyflasche mit den Worten: »Hier, trink mal was!« Meine Nerven lagen restlos blank, und ich nahm einen kleinen Schluck aus der Flasche.

Der Bann zwischen uns war gebrochen. Der Anführer fing an, mir seine

Lebensgeschichte zu erzählen. Er stammte aus gutem Hause und besuchte als Kind nur gute Schulen. Er war bei der Marine und liebte Schiffe. Deswegen kannte er auch unseres. Er heiratete, und seine Frau brachte ihr erstes gemeinsames Kind zur Welt – eine kleine Tochter. Eines Tages fiel sie beim Spielen ins Wasser und wurde trotz tagelanger Suche nie wiedergefunden. Der Kummer darüber zerfraß ihn. Zwei Jahre später trennte er sich von seiner Frau. Er begann zu trinken und konnte nicht aufhören. Er verlor seinen Beruf und seine Freunde. So landete er irgendwann auf der Straße. Alkohol sei sein einziger Trost im Leben, sagte er.

»Ich habe keinen Freund. Die Menschen sind alle Snobs.« Ich fragte, ob die Punks nicht seine Freunde wären.

»Ja, vielleicht. Aber nichts hält, man muss sich trotzdem alleine durchschlagen. Vielleicht sind wir Freunde, keine Ahnung.«

Ich wollte wissen, was er am vorigen Tag meinte, als er sagte, er würde mich verprügeln wie damals meinen Bruder.

Er erzählte, Ende der Achtziger oder Anfang der Neunziger, als wir mit der Kelly Family in Rostock spielten, verprügelten er und ein Freund einen meiner Brüder. Der Anführer-Punk hatte während seiner Marinezeit einen Kampfsport erlernt und trat meinem Bruder so stark in die Rippen, dass dieser nicht wieder aufstehen konnte.

»Aber keine Sorge, das tue ich dir nicht an, du bist in Ordnung. Trink noch einen Schluck!«

»Danke, nein, ich muss jetzt arbeiten. Wie machen wir das jetzt mit diesem Platz? Wem gehört er?«

»Komm, du stellst dich auf den Platz, den du gestern hattest, und wir rücken einfach ein Stück weiter«, bot er mir an. »Hey, wir rücken ein Stück weiter, Leute!«, schrie er seinen Kumpels zu. Und sie folgten ihm aufs Wort – wie bei der Armee. Während die Hunde wieder wie wild bellten, schrie er mir noch über die Schulter zu: »Hey, Kelly, wenn dir jemand etwas antun will, dann sag Bescheid. Den prügele ich tot.«

Von diesem Tag an entschied ich mich, meinem Publikum die Wahrheit zu sagen, wann immer mich jemand fragte, ob ich es nötig hätte, auf der Straße zu spielen.

Die *Bild* sagt die Wahrheit

Dem Punk die Wahrheit über den Grund meiner Rückkehr auf die Straße zu erzählen war ein sehr befreiendes Erlebnis für mich. Die Erleichterung hielt an, egal, wie oft und wem ich reinen Wein über meine tatsächliche Situation einschenkte. Ich wusste aber auch, dass ich dadurch eines Tages bestimmt ein gefundenes Fressen für die Klatschpresse werden würde. Schlagzeilen wie »Kelly Family pleite« oder »Die Kellys am Ende« wären bestimmt das Resultat meiner Ehrlichkeit gegenüber meinem Publikum. Ich wollte meine Familie nicht bloßstellen, schließlich war ich ja nicht der Einzige, der neu beginnen musste. Und doch wollte ich nicht länger irgendwelche Lügen erzählen. Ich wollte das Recht haben, zu sagen, was ich dachte, fühlte, tat und wie es den Tatsachen entsprach. Das war ein großer Konflikt für mich. War ich ehrlich, würde ich automatisch auch die finanzielle Situation meiner Familie offenlegen. Also war ich derjenige, der die Büchse der Pandora öffnete, obwohl ich doch keines meiner

Geschwister absichtlich verletzen wollte. Ich wollte lediglich ein freier Mann sein, der einen ehrenhaften Beruf ausführt. Und trotzdem log ich die Menschen an, die mir zuhörten. Ich konnte immer noch nicht hundert Prozent zu dem stehen, was ich tat. Dann kam mir ein glücklicher Zufall zu Hilfe.

Ich spielte in Schwerin, und wie so oft filmte mich jemand aus dem Publikum mit seinem Handy. Er oder sie sendete diesen Clip als sogenannter »Lesereporter« an die *Bild*-Zeitung und enttarnte mich. Die Schlagzeile lautete: »Vom Schloss in die Fußgängerzone – Kelly-Family-Star singt wieder auf der Straße.« Im Text hieß es weiter: »Dieser Musiker hatte Millionen Fans, zwanzig Millionen verkaufte Platten, achtundvierzig Gold- und Platin-Alben, den Bambi und den Echo. Ist das ganze Kelly-Vermögen weg?«

Ein Passant kam zu mir und zeigte mir den Artikel mit der Frage, ob es wahr wäre, was dort stand. »Zum ersten Mal in all den Jahren hat die *Bild*-Zeitung

recht«, antwortete ich ihm. Er lachte, weil er mir nicht wirklich glaubte und dachte, ich mache Witze. Als er mir jedoch in der nächsten Stunde zusah, wie ich ununterbrochen einen Song nach dem anderen in mein Mikrofon sang, realisierte er, dass ich vielleicht doch nicht gewitzelt hatte.

Manche meiner Geschwister riefen mich an und fragten, was zur Hölle denn bei mir los sei. Sie erhielten Interviewanfragen aller Art zu meiner Person oder zur finanziellen Situation der Kelly Family. Manche meiner Geschwister störte meine Rückkehr zur Straße nicht weiter, andere hatten Angst vor einem Imageschaden der Familie, wieder andere waren sehr gehässig zu mir. Es machte mich traurig, zu erkennen, dass das Aufrechterhalten eines über viele Jahre aufgebauten Images so eine große Macht über unsere geschwisterliche Beziehung hatte.

Spiegel TV, *Explosiv* und andere dieser Boulevardsendungen jagten mich. Also blieb ich selten länger als einen Tag in einer Stadt, war immer in Bewegung. Stralsund, Greifswald, Kühlungsborn, Neubrandenburg und viele weitere Städte. Ein neuer Tag – eine neue Stadt. Ich wollte keine Interviews geben, ich wollte nur meinen Job behalten und meine Augen aufs Ziel des Geldverdienens gerichtet halten. Im Radio wurde ich zum Tipp des Sommers: »Haltet eure Augen offen, und schaut zweimal hin, bevor ihr an einem Straßenmusiker vorbeilauft. Es könnte Jimmy Kelly sein!« Es war lange her, dass ich so viel mediale Aufmerksamkeit bekam.

Alles, was ich jedoch wollte, war, meine Familie durchzubringen und meine Rechnungen zu bezahlen, ohne dabei große Aufmerksamkeit zu erregen. Leider ist die Straße nicht der Platz, an dem man versteckt arbeiten kann. In einer Zeit der Smartphones wird jeder Passant zum Paparazzo. In einem Moment gefilmt zu werden, in dem es für einen selbst eh schon schwer genug ist, macht keinen Spaß. Ich musste lernen, damit klarzukommen. Manchmal habe ich mich wie ein Exot im Zoo gefühlt, der gerade frisch in seinen Käfig eingezogen ist.

Aber ich konnte nichts dagegen tun. So filmten die Zuschauer weiter, und ich sang. Die Augen immer klar auf mein Ziel gerichtet.

> **Manchmal fühlte ich mich wie ein Exot im Zoo, der gerade frisch in seinen Käfig eingezogen war.**

Besuch des Krämerbrückenfests in Erfurt

Als ich das erste Mal nach Jahren wieder in Erfurt auf dem Krämerbrückenfest spielte, baute ich mein Equipment in der Nähe des Kaufhofs auf. Sofort versammelte sich eine große Menschentraube um mich. Schon nach der ersten halben Stunde wurde ich mit einem Beamten vom Ordnungsamt und einem Polizisten konfrontiert. Wieder einmal sagte man mir, dass ich meine Songs nicht mit einem Verstärker vortragen dürfe. Und dabei lief es gerade so richtig gut für mich! Manchmal konnte man in einer Stunde mehr verdienen als sonst an einem ganzen Tag.

»Hat sich jemand über mich beschwert«, fragte ich. Sie verneinten: »Das sind die Regeln in dieser Stadt. Sie brauchen eine Sondergenehmigung, und die müssen sie mindestens vier Wochen vorher bei der Stadtverwaltung beantragen.« Wenn es dann an besagtem Tag regnen sollte, hätte ich eben Pech gehabt, teilten sie mir mit.

Am Anfang meines Straßenmusikerdaseins kannte ich mich kaum mit diesen Regeln aus, also stieß ich häufiger auf solche Probleme. Ich versuchte, den Polizisten zu überzeugen, dass er mich vielleicht trotzdem spielen lässt.

»Zu Hause habe ich für meine Kinder auch viele Regeln, manchmal schaue ich aber einfach weg, sogar relativ oft«, lautete eines meiner Argumente.

»Aber, Herr Kelly, Sie sind kein Kind, und ich tue nur meine Pflicht!«, erwiderte der Polizist bedauernd. Ich zeigte auf die große Bühne hundert Meter weiter. Sie wurde gerade aufgebaut anlässlich des Krämerbrückenfests, welches an diesem Tag um sechzehn Uhr eröffnet werden sollte.

»Ich bin Hunderte von Kilometern gefahren, weil ich gelesen habe, dass hier in Erfurt etwas los ist. Gleich öffnen die Kirmesbuden, und von den großen Bühnen wird es überall her lärmen, da wird es doch eh laut!«

Der Polizist blieb stur: »Schauen Sie lieber, dass Sie beim nächsten Mal eine Genehmigung haben …«

Der Ordnungsbeamte unterbrach: »Vielleicht besteht ja noch die Möglichkeit, eine Genehmigung zu bekommen.« Gerade hatte er über Funk mit dem Veranstaltungsbüro gesprochen, wo man mich anscheinend kannte. Ich sollte direkt dorthin kommen. Ich packte meine Sachen zusammen und lief, mit dem Polizisten und dem Beamten im Schlepptau, ins Veranstaltungsbüro. Als ich ankam, wurde ich freundlich von der Chefin empfangen. Die nette, sehr fein wirkende Dame sagte: »Hallo Jimmy, ich bin es, Frau Kriesche, weißt du noch?«

Im ersten Moment konnte ich mich nicht mehr an sie erinnern, tat aber so, als ob: »Ach, Frau Kriesche, hallo!«

Sie fuhr fort: »Kurz nach der Wende bist du zu mir gekommen und hast mich gefragt, ob ich dir helfen könne, eine Genehmigung für euch zu besorgen, sodass ihr hier auf der Straße spielen konntet. Daraufhin habe ich sogar eine Pressekonferenz organisiert, und ihr seid anschließend am Anger, zwischen Dom und Hauptbahnhof, aufgetreten. Das waren noch Zeiten!«

Langsam fiel mir alles wieder ein. Frau Kriesche hatte meiner Familie und mir damals sehr geholfen, auch als wir auf dem Weihnachtsmarkt in Erfurt spielten und unser Bus kaputtging. Wir unterhielten uns, als sei das alles gerade erst gestern gewesen, obwohl unser letztes Treffen schon über zwanzig Jahre her war. Natürlich fragte sie mich, ob ich auf dem Krämerbrückenfest musizieren wolle. Klar, darum war ich ja hier! Sie gab mir, übrigens ohne zu zögern, den besten Platz des ganzen Fests. Genau vor dem Fremdenverkehrsamt, also vor ihrem eigenen Büro am Benediktplatz. Wow! Ich hatte den tollsten Platz auf dem größten Fest Thüringens bekommen, und das Wetter war optimal!

»Mein Mann und ich würden später gerne einen Kaffee mit dir trinken und Kuchen essen«, lud sie mich ein, »und wenn du ein WC brauchst, kannst du jederzeit die des Büros benutzen.« Und einen Stromanschluss bekam ich von ihr ebenfalls noch dazu.

> **Wow! Ich hatte den tollsten Platz auf dem größten Fest Thüringens bekommen, und das Wetter war optimal!**

Leipzig

Der geplatzte Traum

Als ich in Leipzig vor der Nikolaikirche spielte, bemerkte ich im Publikum einen Mann, der dort schon seit einer halben Stunde stand, zuhörte und weinte.

Er war gut angezogen und sah gesund aus. In einer kleinen Pause sprach er mich weinend an: »Ich kann mich noch so gut erinnern, als ihr damals mit der Kelly Family in Leipzig gespielt habt. Es war der erste Tag der Deutschen Einheit – der 3.10.1990. Ich stand mit meiner Frau und meinen kleinen Kindern im Publikum. Wir waren begeistert. Meine Frau und ich hatten immer an den Montagsdemos hier vor der Nikolaikirche teilgenommen, und plötzlich war er da – der Mauerfall. Und dann seid ihr gekommen. Eine Familie, die voller Inbrunst sang. Wir waren glücklich und voller Hoffnung, konnten kaum glauben, dass unser Traum von Freiheit wahr geworden war. Ihr habt Songs wie »Take my hand« gesungen, wir alle standen Hand in Hand. Wir hatten das volle Vertrauen in die Zukunft, ohne Zweifel. Unser Traum würde wahr werden, der Traum von Freiheit und Glück.

Heute komme ich hierher, und du stehst hier allein. Ich stehe hier allein, meine Kinder reden nicht mehr mit mir, und von meiner Frau habe ich mich vor langer Zeit getrennt. Worauf haben wir denn eigentlich unser Leben verwettet«, fragte er mich.

Auf welche Karte setze ich mein Leben? Was ist dieses Credo, nach dem ich lebe?

Ich wusste nicht, was ich antworten sollte. Aber die Idee, dass wir unser Leben auf etwas verwetten, hat mich zum Nachdenken gebracht. Auf welche Karte setze ich mein Leben? Worauf verwette ich mein Leben wirklich? Was ist dieses Credo, nach dem ich lebe?

Eine alte **Frau** fängt neu an

Während ich eine kleine Pause machte und meinen Apfel aß, setzte sich eine ältere Dame neben mich. »Herr Kelly, es muss doch hart sein, nochmals bei null anzufangen, oder?«

»Ja, ein bisschen schon«, gab ich ihr zur Antwort, »aber ich denke, ich bin wohl nicht der Einzige. Es gibt viele Menschen, die das tun müssen.«

»Ja, da haben Sie recht«, erwiderte sie, »Ich bin jetzt dreiundsiebzig Jahre alt und habe meinen Mann vor zehn Jahren verloren. Ich liebte ihn so sehr. Wir haben auch zwei Kinder, die ich sehr liebe, und wir verstehen uns gut, aber Sie wissen ja, wie das ist. Mittlerweile haben sie eigene Kinder und leben ihr Leben. Nach dem Tod meines Mannes verfiel ich in eine tiefe Depression, die zwei Jahre andauerte. Ich war als Hausfrau und Mutter sehr

glücklich gewesen, und plötzlich wusste ich nicht mehr, was ich mit mir anfangen sollte.

Eines Tages hat mich meine Tochter gefragt, ob ich nicht meine Enkelin zum Musikunterreicht begleiten könne, da sie selbst keine Zeit hatte. Zwar wollte ich nicht so recht, aber da die Kleine mich brauchte, brachte ich sie zu ihrem Geigenunterricht. Sie war gerade sieben Jahre alt, und als ich sie so sah, erinnerte ich mich an meine Kindheit und meinen Wunsch, Musikerin zu werden. Mein Vater sagte mir ständig, das gehe vorüber, und nach und nach vergaß ich meinen Traum. Nun saß ich also da und hörte meiner Enkelin zu. ›Ich möchte auch Geige spielen‹, dachte ich bei mir, und bald begann ich tatsächlich mit dem Unterricht. Ich spielte mit den Kindern

Solche Begegnungen geben mir wahnsinnig viel Kraft und Mut für den Tag.

zusammen und musste ganz von vorn anfangen. Das war vor acht Jahren. Heute spiele ich jeden Tag und schon ziemlich gut. Ich habe auch einen neuen Partner gefunden. Er spielt Viola. Wir sind ein geniales Duo. Wir spielen zusammen in Altenheimen oder Cafés. Ich wage es kaum zu sagen, aber so glücklich wie in den letzten Jahren war ich noch nie.«

Von solchen Begegnungen habe ich unendlich viele erlebt. Durch die Jahre sind es genau diese Begegnungen, die mir wahnsinnig viel Kraft und Mut für den Tag geben. Vor allem fühle ich mich aber weniger und weniger allein.

Ein **Wiedersehen**
mit **Jens und Dagmar**
in **Stralsund**

Die Sonne strahlte vom Himmel, und das Ambiente war einfach unbeschreiblich schön. Die Möwen und das Horn eines Schiffes waren an diesem Morgen der Sound der Stadt. In der Frühe war es in einer solchen Stadt wie Stralsund besonders herrlich. Die Menschen waren gelassen und in Urlaubsstimmung. Die Touristen, die hier ihre Zeit verbrachten, kamen zum Großteil aus Berlin und Umgebung. Aber auch viele Skandinavier waren in Stralsund zu finden, schließlich befanden wir uns am Meer, und Schweden lag nur zwanzig Kilometer Luftlinie entfernt. Stralsund war stolzes Mitglied des UNESCO-Weltkulturerbes geworden, und die Kulisse sprach für sich. Der größte Teil der Gebäude stand zu Recht unter Denkmalschutz.

Ich befand mich auf der Suche nach einem guten Platz in der Stadt. Heute war Markt, und ich lief an den vielen Ständen vorbei. Es war toll zu sehen, wie die Menschen hier miteinander umgingen. Mein Blick fiel auf eine alte Oma, die gerade von einem großen, dicken Mann an einem Stand begrüßt wurde.

»Guten Morgen«, sagte er freundlich, während sie ihre Tüten mit etwas Obst und Gemüse füllte.

»Ach, hör doch auf, mit mir zu flirten«, antwortete sie, »du willst doch nur mein Geld!«

»Klar«, antwortete der Marktverkäufer, »drei Euro bekomme ich von Ihnen, junge Frau!«

Die kleine Oma bezahlte und ging ihres Weges, während sie weiter mit sich

selbst sprach. »Durchschaut habe ich dich, du alter Charmeur«, sagte sie, während sie an mir vorbeiging und im Marktgewühl verschwand. Obwohl es gerade erst acht Uhr morgens war, hörte ich von irgendwoher eine Drehorgel. Sie waren also wieder da: Jens und Dagmar aus dem Ruhrgebiet, die schon seit fünfzig Jahren

verheiratet waren. An den Wochenenden oder im Urlaub reisten die beiden quer durch Deutschland und spielten Orgel auf der Straße. Zwei Orgeln hatten sie dabei, die sie auf alte Babywagen montiert und zu einem rollenden Orchester gestaltet hatten. Ich kannte das Paar schon etwas länger.

Anweisung. Mein Tag schien gelaufen, kaum dass er begonnen hatte. Zwanzig Meter weiter fingen jedoch zwei Orgelspieler an, an ihrem Leierkasten zu drehen.

»Wieso dürfen die hier spielen und ich nicht?«, fragte ich die Beamten, »die sind ja selbst ohne Verstärker lauter als ich mit.«

»Ja, da haben Sie recht. Das Gesetz erlaubt aber keine elektrische Verstärkung auf der Straße.«

»Also, wenn mein Bruder Angelo hier sein Schlagzeug aufbauen würde, wäre es erlaubt, weil es nicht verstärkt wäre?«

»Ja, es wäre erlaubt«, entgegnete der Beamte.

»Und wenn nun Reinhard Mey oder Norah Jones hier singen wollten und keine Verstärker nutzen dürften, könnten wir ihren Gesang doch gar nicht hören. Sie singen so leise, als ob meine Mutter mir ein Geheimnis ins Ohr flüstern wollte!«

»Ja, Herr Kelly, so ist es, das tut mir leid«, bestätigte der Herr vom Ordnungsamt nochmals und lief weiter, vorbei an Dagmar und Jens, die fleißig Orgel spielten. Dagmar schenkte dem Beamten ein freundliches Lächeln, und Jens hob seinen Hut zum Gruß. So als ob nichts wäre. Was der Beamte nicht wusste, war, dass die beiden in ihren Orgeln Verstärker eingebaut hatten – Verstärker mit hundert Watt. Das hätte man allerdings auf den ersten Blick dem alten,

Zum ersten Mal haben wir uns in Dortmund getroffen. Als ich damals aufgebaut und gerade mal eine halbe Stunde gesungen hatte, kam schon das Personal vom Ordnungsamt, und ich musste wieder aufhören. »Guten Morgen, Herr Kelly, hier dürfen Sie leider nicht mit Ihrem Verstärker spielen«, lautete die übliche

unschuldig wirkenden Pärchen nicht zugetraut. Dagmar war romantisch angezogen, trug ein Kleid aus den Zwanzigerjahren und eine Perücke. Dagmar hatte ihre Haare leider vor Jahren nach ihrer Brustkrebserkrankung durch eine Chemotherapie verloren. Seitdem waren sie nicht wieder nachgewachsen. Jens trug einen schicken Tuxedo, auch Smoking genannt.

ich. Zwei ältere Menschen umschiffen einfach das Gesetz oder, besser ausgedrückt, tricksen die Beamten aus.

Aber zurück nach Stralsund. Ich stand vor Jens und Dagmar und begrüßte sie.

»Guten Morgen, ich dachte, ihr wolltet nach Putbus auf Rügen. Ihr habt mir doch vor zwei Wochen erzählt, dass es dort wahnsinnig voll sein soll!«

Immer wieder trafen wir uns an verschiedenen Orten auf der Straße, und langsam entwickelte sich so etwas wie eine Freundschaft zwischen uns.

Er humpelte, da man ihm, als er noch ein Kind war, sein linkes Bein amputieren musste, nachdem er auf eine Mine getreten war. Auf seinem linken Auge sah er fast nichts mehr. Damals in Dortmund wusste ich das natürlich alles noch nicht. Immer wieder trafen wir uns an verschiedenen Orten auf der Straße, und langsam entwickelte sich so etwas wie eine Freundschaft zwischen uns. Irgendwann zeigten die beiden mir ihre in den Orgeln versteckten Verstärker. »Wie cool«, dachte

»Ja, aber um ehrlich zu sein, wollten wir dich nur von Stralsund weglocken. Du weißt doch, die Konkurrenz ist groß, und außerdem hast du einen sehr lauten Verstärker!«

»Guck mal, wer da spricht!«, sagte ich, und wir lachten ein bisschen. Dagmar fragte mich dann noch nach meiner neuen CD. Ich schenkte ihr eine mit einem Autogramm und der Widmung »Für Jens und Dagmar, für meine liebsten Feinde. – In Liebe, Jimmy Kelly«

Ein **Polizist** in Zivil?

Im zweiten Sommer fuhr ich erneut in die kleine Hafenstadt Wismar irgendwo zwischen Lübeck und Rostock, um dort mitten in der Woche aufzutreten. Die Stimmung war gut, viele Touristen waren unterwegs, und ich hatte ein großes Publikum. Völlig unvorbereitet spürte ich ein Klopfen auf meiner Schulter. Der Klopfer war normal angezogen, zeigte mir aber seinen Ausweis des Ordnungsamtes und bat mich, sofort aufzuhören und abzubauen. »Es tut mir leid, aber Sie dürfen laut Gesetz nicht länger als eine halbe Stunde an einem Platz spielen. Ich habe Sie beobachtet, und Sie singen schon fast eine Stunde hier. Alle dreißig Minuten müssen Sie sich bitte zweihundert Meter weiterbewegen.«

Ich war total traurig, weil es doch gerade so gut lief und es in Wismar nicht so viele gute Plätze gab, die zentral lagen.

Enttäuscht packte ich meine Sachen und machte mich auf die Suche nach einem neuen Fleck zum Musizieren. Überraschenderweise sah ich den Ordnungsbeamten hinter einem Café wartend, bis ich ging. Und dann sah ich einen Gitarren-

»Du bist gar kein Ordnungsbeamter. Du hast mich verarscht, um meinen Platz zu bekommen.«

koffer in seiner Hand. Kaum war ich außer Sichtweite, stand er auch schon auf meinem Platz.

Wutentbrannt lief ich wieder zurück: »Du bist gar kein Ordnungsbeamter. Du hast mich verarscht, um meinen Platz zu bekommen.« Ich konnte einfach nicht glauben, was er mir gerade angetan hatte.

In seinem Portemonnaie steckte ein gefälschter Ausweis des Ordnungsamtes von Wismar, und ich war darauf hereingefallen.

»Glaubst du, du kannst den ganzen Tag an einem Fleck spielen, nur weil du den Namen Kelly trägst? Nee, du musst auch nach den Regeln spielen und nach jeder halben Stunde weiterziehen. So wie wir anderen auch!«

»Ich werde jetzt die Polizei rufen. Die sollen dir den gefälschten Ausweis abnehmen.«

Komischerweise hatte er wohl nicht damit gerechnet, denn er nahm seine Gitarre und rannte davon. Ich schrie ihm noch hinterher, aber er war schon über alle Berge. Nachdem ich mich ein wenig beruhigt hatte, baute ich meine kleine Anlage wieder an dem gewohnten Platz auf. Bald hatte sich wieder eine neue Zuhörerschaft um mich versammelt, und ich sang den Rest des Tages in Ruhe weiter.

Ein **Vater** weint

Es war sehr früh am Morgen. Ich fing an zu singen, und ein paar Fußgänger, die schon wach und unterwegs waren, hielten an. Unter ihnen war ein Mann Mitte fünfzig, der mir gleich ins Auge fiel. Schon nach ein paar Songs klingelte meine Kasse. »Ich muss schon um die zehn Euro eingenommen haben«, dachte ich insgeheim. Manche meiner Zuhörer blieben sogar stehen, bis ich mein Programm einmal durchgespielt hatte. Das musste ein guter Tag werden!

Der Mann, der mir direkt aufgefallen war, kam nach vorne und fragte mich sehr bescheiden, ob es möglich wäre, dass ich seiner Tochter einen Song spiele. »Sie ist im Krankenhaus und liegt im Sterben«, sagte er. »Ich würde sie anrufen, und Sie könnten dann für sie spielen. Sie soll sehr schwach sein.«

»Klar, gerne«, gab ich zur Antwort.

Er hielt das Telefon fest, und ich sah, wie seine Hände zitterten. »Bitte geben Sie mir eine Minute«, bat er, während er die Nummer des Krankenhauses eingab, »ich habe mich vor einiger Zeit mit ihr gestritten, und wir haben schon lange nicht mehr miteinander gesprochen.« Meine Musik hatte ihm den Impuls gegeben, sich bei ihr zu melden. Das berührte mich sehr. Er stand neben mir, und ich wartete auf sein Zeichen.

Es klingelte wohl am anderen Ende des Telefons, und ich hörte sehr leise, dass eine Frau antwortete. Seine Exfrau hatte den Hörer abgenommen. »Bitte leg nicht auf«, hörte ich ihn sagen, »sag Solange, dass ich ein Geschenk für sie habe. Bitte gib ihr den Hörer.« Der Mann gab mir ein Handzeichen, und schon erklangen die ersten Töne auf meiner Gitarre. Er hielt das Telefon dicht neben mich, und ich sang dem Mädchen das Lied »Madre«. Am Ende nahm er das Telefon wieder an sich und sagte:« Solange, c'est ton papa ici. Je t'aime.« – »Solange, hier ist

dein Papa. Ich weiß, ich habe es dir zwar niemals gesagt, aber ich liebe dich.« Er ging ein paar Schritte zurück, und ich hörte ihn sprechen. Er gab mir zu verstehen, dass ich wieder für mein Publikum singen könne. Währenddessen telefonierte er weiter. Nachdem ich etwa eine halbe Stunde weitermusiziert hatte, sah ich aus dem Augenwinkel, wie der Mann stark anfing zu weinen und das Gespräch ziemlich laut wurde. Er kam auf mich zugelaufen und unterbrach meinen Song mit den Worten: »Ich muss gehen. Meine Tochter ist soeben gestorben.«

Nie hätte ich gedacht, dass Musik so viel Macht haben kann.

Ich blieb völlig schockiert zurück. Für den Rest des Tages hat mich das Erlebnis mit dem Mann und seiner verstorbenen Tochter nicht mehr losgelassen. Das Bild des Mannes am Telefon, die wenigen, aber so wichtigen Worte, die er zu seiner Tochter gesprochen hat – meine Gedanken kehrten ständig zu diesem Telefonat zurück. Dabei sind mir zwei, drei wichtige Erkenntnisse gekommen.

Nie hätte ich gedacht, dass Musik so viel Macht haben kann. Ich hatte mit meiner Gitarre und meiner Stimme einen Mann plötzlich dazu gebracht, über seinen Schatten zu springen, zum Hörer zu greifen und seiner Tochter, mit der er total zerstritten ist, endlich zu sagen: »Ich liebe dich!« Bis zu diesem Moment hatte ich meine Straßenmusik als einen ganz normalen Job betrachtet. Doch jetzt wusste ich, was ich tat, war mehr als nur ein Job. Ich konnte Menschen mit meinen Songs sogar in den Tiefen ihres Herzens so berühren, dass dies unerwartete Reaktionen bei ihnen auslöste. Mit einem Mal verstand ich die Musik als Erbe meines Vaters, als ein riesengroßes Geschenk, das er mir mit auf meinen Weg gab. Zugleich wurde mir aber auch bewusst, dass mein Vater mir in all den Jahren niemals mit ganz einfachen Worten gesagt hatte: »Jimmy, ich liebe dich!« An diesem Tag wurde mir bewusst, dass gerade diese drei Worte so wichtig sind! Deshalb vergeht seither kein Tag mehr, an dem ich meinen Kindern nicht mindestens einmal sage, dass ich sie liebe.

Mit einem Mal verstand ich die Musik als Erbe meines Vaters, als ein riesengroßes Geschenk, das er mir mit auf meinen Weg gab.

Dresden
Ein Straßenfest
unter der Brücke

In Dresden findet jährlich eines der größten Stadtfeste Deutschlands statt. Meistens ist es am dritten Wochenende im August. Ich hatte davon gelesen und dachte, es wäre eine schöne Idee, dorthin zu fahren, denn zwischen Freitag und Sonntag wurden über fünfhunderttausend Menschen erwartet.

Das hörte sich sehr vielversprechend an, vorausgesetzt, ich würde einen guten Platz finden. Als ich am Freitag ankam, war die Stadt brechend voll. Sie war voll mit Bühnen, auf denen von Abba über Klassik bis hin zu Mia oder Big Bands alles angeboten wurde. Für jeden Geschmack war etwas dabei. Bierstände ohne Ende säumten die Straßen, von Fressbuden ganz zu schweigen. Die Stadt war so voll, dass ich meinte, in Disneyland gelandet zu sein. Ich suchte verzweifelt eine ruhige Ecke für mich und meine Musik, doch vergebens. Jeder nur mögliche Meter war bereits vergeben. Solche großen Stadtfeste haben oftmals mehrere Veranstalter auf einmal, die für die Planung zuständig sind. Während ich nun ziellos durch die Stadt irrte, traf ich auf Uwe, einen Bekannten, dem ich schon zuvor in Erfurt begegnet war. Seine Frau und er hatten einen Stand mit den verschiedensten Keramikartikeln. Trotz ihrer kleinen Verkaufsfläche mussten sie tausendvierhundert Euro Miete für diese drei Tage in Dresden bezahlen. Und von solchen Ständen in dieser Größe gab es Hunderte mit unterschiedlichstem Angebot – von Wahrsagern über Klamotten bis hin zu Reiskörnern, auf die der eigene Name geschrieben wurde. Auch Straßenkünstler traf man en masse an. Leute, die sich als Statuen verkleideten, die man sonst nur vor dem Kölner Dom stehen sah.

Hier bin ich auch zum ersten Mal auf Gigi und Saloma getroffen, Vater und Tochter, die zusammen musizieren. Zwei mittlerweile legendäre Straßenkünstler, die seit Ewigkeiten durch die Welt reisen. Gigi spielt genial Bluesgitarre, Mundharmonika und singt. Seine Tochter spielt Kontrabass und singt ebenfalls. Zusammen sind sie cooler als die Blues Brothers. Vor der Frauenkirche sangen zwei Opernsängerinnen mit grandiosen Stimmen. Alles ohne Anlage und jegliche Verstärkung. Wow, so etwas hatte ich bis jetzt noch nicht erlebt! Ein Stückchen weiter kletterte ein farbiger Mann an einer Straßenlaterne hoch. Oben angekommen, balancierte er einen Fußball auf dem Kopf und präsentierte seine Tricks wie ein Meister. Am Fuße der Laterne hatte sich eine begeisterte Menschentraube angesammelt. Fünfzig Meter weiter sah ich Dagmar und Jens, die beiden Orgelspieler, wieder.

»Hey, was macht ihr denn hier«, rief ich aus einiger Entfernung. Jens drehte sich um.

»Hallo Jimmy. Na, wir waren es doch, die dir von diesem Großereignis erzählt haben«, antwortete Jens, nachdem er mich erblickte.

»Stimmt, das hatte ich ganz vergessen. Es ist ja so weitläufig und riesig hier! Ich habe noch immer keinen Platz gefunden, an dem ich spielen könnte.« Auf einmal sah ich Uwe vor mir auftauchen.

»Du, Jimmy, komm mit, ich habe einen Platz für dich gefunden!« Ich verabschiedete mich von Dagmar und Jens und folgte Uwe. Wir liefen ein paar Hundert Meter, und tatsächlich, da lag ein wunderbarer Platz vor mir an der Ecke einer kleinen Straßenkreuzung. Ich bedankte mich für seine Hilfe und baute

schnell meine Anlage auf. Innerhalb kürzester Zeit stand ich inmitten einer großen Menschenmenge, und die Kasse klingelte. Der Tag lief richtig gut.

Am nächsten Morgen stand ich früh auf, um wieder meinen guten Platz zu ergattern. Doch ich wurde enttäuscht. An der Stelle, an der es gestern so gut für mich lief, stand heute ein riesiger Flügel. Circa fünf Meter lang, schwarz und ziemlich imposant. Das Instrument war beweglich, fuhr auf Rollen wie eine kleine Bühne. Ich schaute mir das Ganze

genauer an und prüfte, ob ich jemanden fand, dem der Flügel gehörte. Aber es war niemand auffindbar. Der Flügel stand ganz alleine dort, die Straße war gähnend leer, denn nahezu ganz Dresden schlief noch. Jetzt stand ich da, vor mir dieses riesige Instrument, auf meinem Platz. Natürlich kannte ich den Trick.

Meistens sind es Zigeuner, die ihren Akkordeonkoffer schon mal an einer guten Stelle abstellen und somit den Platz besetzen. Allerdings war mir das noch nie mit einem Flügel passiert! Ich entschied mich dennoch, zu bleiben und zu warten. Schließlich war dies doch ein guter Spielort für mich, und ich war

Er kam auf mich zu und sprach mich freundlich an.

»Guten Morgen, ich bin Arne Schmitt, und das ist mein Flügel. Ich war nur schnell auf der Toilette.«

»Das kann nicht sein«, erwiderte ich. »Ich sitze hier schon seit zwei Stunden und warte, das müsste ein ziemlich langer Toilettengang gewesen sein.«

Er lachte: »Nee, ich habe nur mein Piano um fünf Uhr morgens abgestellt und bin wieder schlafen gegangen. Du musst Jimmy Kelly sein. Ich habe schon gehört, dass du wieder auf der Straße spielst. Ich habe gehofft, dass wir uns einmal treffen, denn ich komme auch aus einer Großfamilie, aus der Nähe von Dortmund. Als ich zwölf war, lernte ich Akkordeon zu spielen. Doch irgendwann kam ich auf die Idee, ein Piano mit auf die Straße zu nehmen. Das war eine Sensation! Diesen Flügel habe ich vor ein paar Jahren gekauft. Nun reise ich mit ihm durch die Welt. Deswegen nenne ich ihn auch »world piano«. Warum spielst du denn auf der Straße, ihr seid doch reich und berühmt?« Ich antwortete an diesem Morgen nur sehr kurzsilbig, schließlich wollte ich meinen Platz haben und so schnell wie möglich musizieren. »Okay, wir können den Platz teilen«, antwortete Arne. »Ich spiele eine Stunde, du spielst eine Stunde, immer abwechselnd.« Ich war überhaupt nicht begeistert von seiner Idee. Doch weil er so freundlich war und ich keinen Streit wollte, ging ich auf sein Angebot ein.

Hunderte von Kilometern gereist. So schnell gab ich nicht auf! Ich setzte mich um Punkt sieben Uhr dreißig auf den Bordstein und wartete geschlagene zwei Stunden, als plötzlich ein junger Mann auftauchte. Schick und ganz in Schwarz angezogen, mit perfekt geschnittenen Haaren. Das war definitiv kein Zigeuner.

Mit der Zeit merkte ich, dass er sich auf der Straße gut auskannte. Er erzählte mir, dass er vor Kurzem in Hannover gespielt und das Ordnungsamt ihm zum wiederholten Mal mitgeteilt hatte, dass er seine CDs nicht auf der Straße verkaufen dürfe. Die Beamten wussten aber nicht, dass Arne einen guten Freund hatte, der Anwalt war und sich bestens auskannte. Im Grundgesetz ist nämlich die künstlerische Freiheit verankert. Dazu gehört, dass ein Künstler sein eigenes Werk verkaufen darf, ohne dass er dafür eine Genehmigung benötigt. Eine CD fällt unter das Handwerksrecht. Also schrieb der Anwalt der Stadt einen Brief, und drei Tage später meldete sich die Stadt bei ihm mit einer Entschuldigung und der Erlaubnis für Arne, seine Werke ab sofort in der Stadt verkaufen zu dürfen. »Eigentlich müsste es rechtlich in ganz Deutschland erlaubt sein«, erzählt Arne. »Doch noch immer wird allen Straßenmusikern klargemacht, dass sie ihre CDs nicht auf der Straße verkaufen dürfen.« Seit diesem ersten Treffen ist

Arne ein richtiger »Straßenbruder« für mich geworden.

An diesem Morgen erzählte er mir noch andere komische Gesetze, die in Deutschland und in anderen Teilen der Welt noch immer gelten. Zwischen zehn Uhr abends und sechs Uhr morgens darf man zum Beispiel in Berlin nicht beim Sex laut stöhnen, weil man die Nachbarn stören könnte. Oder im hessischen Landesgesetz ist noch immer die Todesstrafe verankert. Bis heute ist sie nicht aufgehoben worden, allerdings steht Bundesrecht über Landesrecht, weshalb sie nicht vollzogen werden darf. In Kanada ist es verboten, einen Elch aus dem Flugzeug zu schmeißen. Arne erzählte und erzählte, und mittlerweile hatte sich auch mein Kumpel Uwe dazugesellt. Unterdessen waren dunkle Wolken herangezogen, und es regnete. In absehbarer Zeit würde niemand auf unserem Platz spielen können, da er nicht überdacht war. Der Wetterbericht sagte auch für die nächsten Tage keine Wetterbesserung voraus. Arne deckte seinen Flügel mit einer riesigen roten Plane ab, und auch ich schützte meine sieben Sachen mit einer Abdeckung. So saßen wir da und warteten. Die Verkaufsstände waren geöffnet, doch die Menschenmenge lief geduckt unter Schirmen vorbei. Im Moment sah es für niemanden gut aus. Doch wie schon so oft hatte Uwe eine Idee. »Komm mal mit, Jimmy, an der Elbe unter der Brücke kannst du im Trockenen stehen und

spielen!« Ich zögerte etwas, aber bei dem Mistwetter hatte ich nichts zu verlieren. Also verabschiedete ich mich von Arne und zog unter die Brücke direkt an der Elbe. Dort standen schon einige Menschen, die sich vor dem Regen schützten, und schauten mich gespannt an, während ich meine Anlage aufbaute. Es stellte sich schnell heraus, dass Uwe wieder den richtigen Riecher hatte. Die Akustik unter der Brücke war hervorragend, und es versammelten sich in Windeseile eine Menge Menschen um mich herum. Das Stadtfest lief trotz des Regens weiter, aber nur in den Cafés und bei mir war es richtig voll. Ich verdiente gut, und so manch anderer Straßenkünstler kam vorbei und schaute etwas neidisch, denn ich hatte für das miese Wetter den perfekten Platz gefunden. Manche fragten ganz offen, ob sie nicht auch mal kurz spielen könnten, und so machte ich ab und an eine kleine Pause. Später am Tag hatten sich eine Menge Künstler unter der Brücke versammelt. Wir spielten einzeln und zusammen und jammten ein bisschen. Das Publikum war begeistert. Es regnete und regnete, doch wir standen trocken und konnten arbeiten. Eine Truppe von jungen Straßenbreakdancern tanzte und wirbelte zu meiner Musik durch die Luft. Eine der menschlichen Statuen, der sich wie Michael Jackson kleidete, tanzte den Moonwalk – besser als Michael Jackson selbst, wie ich fand. Und auch die Opernsängerinnen, die ich am gestrigen

Morgen noch vor der Frauenkirche getroffen hatte, stimmten ein. Ein alter Mann holte seine Mundharmonika raus,

Was für ein wunderbarer Tag, den ich nie vergessen werde. Ein Straßenfest unter der Brücke.

und so langsam entwickelte sich unter der Brücke eine richtige Straßensession. Es war eine tolle Stimmung.

Plötzlich kam eine schicke junge Dame nach vorne und wollte mein Mikro haben. Sie erzählte uns allen einen Witz. »Als mein Bruder klein war, kam er zu mir, und er hatte einen harten Penis. Wir liefen schnell zu meiner Mutter, und er fragte, ob sein Gehirn jetzt nach unten gewandert sei. Meine Mutter antwortete: ›Nein, noch nicht!‹« Die Menge johlte und klatschte, und wir alle lachten uns halb tot. Was für ein wunderbarer Tag, den ich nie vergessen werde. Ein Straßenfest unter der Brücke.

Die **Russen**

Ich habe jeden Tag mehr über die Straße gelernt. Arne, der Pianist, riet mir, ständig in Bewegung zu bleiben. »Bleib nie länger als ein, zwei Tage in einer Stadt. Meistens sind es die Ladenbesitzer oder die direkten Anwohner, die die Polizei rufen. Aber wenn sie sehen, dass du nicht aus der Stadt kommst, werden sie etwas Geduld mit dir haben. Meistens haben sie aber spätestens am dritten Tag die Nase voll. Straßenmusiker sind wie Fisch. Am Anfang lieben die Leute dich, und nach dem dritten Tag fängst du an, ihnen zu stinken.« Jeder Straßenkünstler hat seine eigene Philosophie, was die Straße betrifft. Und was bei dem einen klappt, funktioniert bei dem anderen noch lange nicht. Und doch ist es tatsächlich meist eine gute Idee, die Städte regelmäßig zu wechseln.

Ein Handpuppenspieler sprach mich während des Stadtfests in Dresden an:

»Jimmy, ich habe gesehen, dass du im Auto schläfst, wo auch alle anderen Schausteller ihre Nacht verbringen. Zurzeit ist hier gerade eine russische Gang in der Stadt, die genau beobachtet, wer hier sein Geld verdient. Wenn ich du wäre, würde ich heute Nacht woanders schla-

»Straßenmusiker sind wie Fisch. Am Anfang lieben die Leute dich, und nach dem dritten Tag fängst du an, ihnen zu stinken.«

fen, da sie in den späten Abend- oder Nachtstunden an dein Auto kommen und dein Geld verlangen werden. Letzte Nacht haben sie gleich vier Schausteller überfallen. Sie haben Gas in die Wagen laufen lassen, und während die Besitzer im Tiefschlaf waren, haben sie ihre Autos aufgebrochen und das Geld geraubt. Es ist zwar niemandem etwas passiert, aber ich würde nicht auf den Parkplätzen schlafen, selbst wenn die Polizei sie bewacht.«

Ich glaubte ihm nicht, weil ich wusste, dass er neidisch auf die vielen Menschen war, die begeistert meinen Darbietungen lauschten. Und er fragte ständig nach meinen Einnahmen, wenn wir uns nach einem arbeitsreichen Tag in der Stadt trafen. Also gab ich seiner Aussage kein Gewicht und spielte weiter. Es war der zweite Tag, den ich auf meinem neuen Stammplatz unter der Brücke verbrachte, und ich merkte schnell, dass mich über den Tag hinweg abwechselnd drei

Männer beobachteten. Das mussten tatsächlich die Russen sein, der Puppenspieler hatte also doch die Wahrheit gesagt. Ich bekam plötzlich solche Angst, dass ich beschloss, einfach immer weiterzusingen. Solange ich sang, konnte mir nichts passieren, denn es gab ja stets viele Zuhörer um mich herum. Ich musizierte

von frühmorgens bis in den späten Abend hinein. Es war dunkel, als ich aufhörte, und ich glaubte, in den letzten Jahren nie so heiser gewesen zu sein wie nach diesem Tag. Ich packte meine Sachen schleunigst zusammen und sah, wie einer der Russen telefonierte, wahrscheinlich um seine Kumpanen zu informieren, dass ich meinen Tag beendet hatte. Ich ging Richtung Frauenkirche und schaute zurück, um zu sehen, ob mir jemand folgt. Und da waren sie, alle drei. Sie verfolgten mich wirklich. Ich entschied mich, ins Hilton Hotel, fünfzig Meter entfernt von der Frauenkirche, zu gehen. Ich ging zur Rezeption, stellte ein paar Fragen und nahm dann den Aufzug nach oben. Dort wartete ich zehn Minuten in einem Flur. Anschließend fuhr ich mit dem Aufzug in die Tiefgarage. So konnte ich das Hotel unbemerkt über den Hinterausgang verlassen. Ich rannte so schnell ich konnte Richtung Auto. Noch nie zuvor in meinem Leben hatte ich meine Anlage so schnell eingeladen. Innerhalb von zehn Minuten war ich auf der Autobahn. Ich war gerade noch mal davongekommen.

Und ich hatte etwas Wichtiges gelernt: Ich kann viele, viele Stunden singen! An diesem Morgen hatte ich um zehn Uhr angefangen und bis einundzwanzig Uhr durchgesungen. Ohne etwas zu essen, ohne zur Toilette zu gehen.

Während der Fahrt nach Hause rief ich meine Frau an. Ich war erleichtert,

ihre Stimme zu hören. Ich habe ihr nichts von den Russen erzählt, weil ich nicht wollte, dass sie sich Sorgen um mich machte, wenn ich unterwegs war. In dieser Nacht war ich glücklich, als ich wieder bei meiner Familie war.

Meine Ehefrau
Meike

Ich spielte jetzt vier Tage in der Woche auf der Straße, und mein Ziel war, meine Schulden bis Weihnachten abbezahlt zu haben. Am Montag, Dienstag und Mittwoch war ich zu Hause bei meiner Familie. Bis zum Mittwochabend hatte ich alles zusammengepackt und war wieder auf dem Weg in eine neue Stadt. Meine Frau Meike blieb alleine zu Hause mit den zwei Mädchen. Da unsere Kinder noch sehr klein waren, gingen sie weder zum Kindergarten noch in die Schule. In den ersten Jahren war es für Meike ziemlich anstrengend, da Máire am Anfang gesundheitliche Probleme hatte und Aimee bis zu ihrem zweiten Lebensjahr manchmal fünf Mal in der Nacht aufwachte, während Máire noch gestillt

Über drei Tage feierten wir mit hundertfünfzig Gästen ein extravagantes Hochzeitsfest.

wurde. An vier Tagen der Woche war Meike sozusagen eine alleinerziehende Mutter. In dieser Zeit wohnte auch meine jüngere Schwester Barby bei uns. Meine Frau kümmerte sich um alle drei, kochte, wusch, hegte und pflegte sie. Dafür werde ich Meike immer dankbar sein. Meine Schwiegereltern kamen auch öfters vorbei, entlasteten Meike bei Kindern und Haushalt. Leider wohnten sie siebenhundert Kilometer von uns entfernt, und sie konnten immer nur wochenweise bei uns sein. Trotzdem waren sie immer sofort zur Stelle, wenn es brannte, und brachten sich ein, wo sie konnten.

Meike und ich hatten uns ein paar Jahre zuvor im Norden Deutschlands kennengelernt. Damals arbeitete Meike

noch für VH-1 und MTV in Hamburg und lebte ein völlig anderes Leben. Kurze Zeit nach unserem Treffen wurden wir ein Paar. Meike kündigte ihren Job, zog in meine Nähe, und zwei Jahre später heirateten wir auf Schloss Gymnich, das zu der Zeit noch in unserem Familienbesitz war. Über drei Tage feierten wir mit hundertfünfzig Gästen ein extravagantes Hochzeitsfest. Niemals hätten wir zu diesem Zeitpunkt gedacht, dass sich unsere Lage einige Zeit später so drastisch verändern würde. Mittlerweile sind wir über zehn Jahre verheiratet. Es waren vor allem die schwierigen Zeiten, die uns zusammengeschweißt haben. Ich bin davon überzeugt, dass es die schlechteren Zeiten sind, die das wahre Gesicht eines Menschen zeigen. Die Zeiten, in denen sich herauskristallisiert, wer ein gutes Herz hat, gerade dann, wenn es darauf ankommt. Und eines kann ich sagen: Meine Frau hat ein riesiges Herz und viel Seele, und ich liebe sie von Herzen.

Es gibt einen guten Spruch, den ich vor Kurzem gelesen habe: »Da, wo es einen Freund gibt, da gibt es auch einen Weg.« Ich danke Gott dafür, dass Meike und ich eine Freundschaft aufgebaut haben, durch die wir auch immer wieder einen Weg für unser gemeinsames Leben finden werden.

Mein Tag
in Jena

Es war mitten in der Nacht, und ich schaffte es nicht, weiterzufahren. Kurz vor Eisenach war ich zu müde, um mein Ziel Jena noch zu erreichen. Daher suchte ich nach einem geeigneten Platz zum Schlafen. Über Tankstellen hatte ich schon viele unheimliche Sachen gehört, deswegen wollte ich es lieber nicht wagen, dort zu übernachten. Ich fuhr in die nächste Kleinstadt. Dort suchte ich nach einem passenden Parkplatz für die Nacht.

Ich fand eine schöne Kirche mit einem riesigen Friedhof nebenan. Wenn ich hier parkte, wäre ich garantiert sicher! Jesus und seine Engel würden über mich wachen. Allerdings konnte ich nicht direkt an der Kirche parken, also entschied ich mich, neben der kleinen Kapelle mit den riesigen Glasfenstern zu halten. Ich stellte mein Auto dicht an das

winzige Gebäude. Drinnen sah ich viele brennende Kerzen und Blumen. Hier war ich sicher, ganz nah bei Gott. Ich rief meine Frau an und schickte ihr einen Kuss durchs Telefon, sprach anschließend ein kleines Gebet und schlief ein.

Am nächsten Morgen wurde ich unsanft von meinem Wecker aus dem Schlaf gerissen. Ich stieg aus meinem Auto, um irgendwo einen Busch zum Pinkeln zu finden, und blieb wie angewurzelt stehen. Erst jetzt sah ich deutlich, was mir in der Dunkelheit der letzten Nacht entgangen war. Ich parkte mit meinem Auto genau neben den hohen Fenstern der Trauerkapelle. Die Kerzen, die gestern Nacht so schön leuchteten, umringten einen Sarg, und die vielen Blumen waren der Grabschmuck. Ich hatte die ganze Nacht neben einem fremden Toten geschlafen. Plötzlich war mein einziger Gedanke, schnellstmöglich von hier zu verschwinden, weg zur nächsten Tankstelle. An der Autobahn hielt ich an einer passenden Raststätte. Ich tankte, frühstückte, duschte und fühlte mich wie ein neugeborenes Baby. Beschwingt stieg ich wieder in mein Auto.

Endlich in Jena angekommen, parkte ich auf dem großen öffentlichen Parkplatz und machte mich auf den Weg in die Innenstadt. Auf meinem Weg dorthin begegnete ich vier Zigeunern. Alle bepackt mit Instrumenten und ich wusste sofort, dass sie mir den besten Platz am Brunnen wegnehmen wollten. Ich beschleunigte meinen Gang, bis ich rannte, denn das Gesetz der Straße besagt, dass der Erste, der auf dem Platz steht, ihn auch bekommt. Natürlich wollten die vier Zigeuner sich ihren Platz auch nicht nehmen lassen und fingen ebenfalls an zu laufen. So begann um acht Uhr morgens ein Wettlauf durch die Straßen Jenas. Die Truppe rief mir irgendwelche Sprüche auf Rumänisch zu, ich rief so etwas wie »Fuck you!« zurück, und da ich meine Sachen auf einen Fahrradwagen geladen hatte, war ich ziemlich schnell. Der dicke Zigeuner mit dem Kontrabass gab als Erster auf, und ein paar Hundert Meter weiter machte auch der Kollege mit dem Akkordeon schlapp. Doch der Jüngste, der mit der Geige, zog das Tempo an und war mir eine

Nasenlänge voraus. Wir rannten bis zum letzten Atemzug durch die Stadt, bis wir fast zeitgleich den Brunnen erreichten. Völlig perplex mussten wir feststellen,

Das Gesetz der Straße besagt, dass der Erste, der auf dem Platz steht, ihn auch bekommt.

dass vor dem Brunnen bereits ein Penner mit seinem Hund saß und bettelte. Unser Kampf um den besten Platz der Stadt war vergebens. Der junge Zigeuner nahm seinen Hut ab und wusch sich das Gesicht. Nach und nach kamen auch die anderen drei hinterher, und alle fingen an, sich am Brunnen zu waschen, als ob es ihre Morgentoilette wäre. Zwar wusste der Penner nicht genau, was hier vor sich ging, aber er ahnte Böses und fing an, uns alle anzumotzen: »Haut ab! Das ist mein Platz! Ich lasse gleich den Hund los. Ihr Scheißzigeuner!« Da er offensichtlich mit den Zigeunern auch mich meinte, sagte ich noch immer etwas atemlos zu ihm: »Ich gehöre nicht zu der Gruppe. Ich bin allein unterwegs.«

Wieder schrie der Penner den Zigeunern zu: »Haut ab, ihr Scheißzigeuner!« Der Hund bellte wie verrückt, doch die Musikertruppe schien das wenig zu stören. Einer von ihnen versuchte, mir zu erklären, dass es ihr Platz sei, was mich jedoch nicht beeindruckte.

»Nein, das ist nicht euer Platz. Haut ab, ich rufe die Polizei!«

»Oh, no, no, no police, Kollege, Kollege!!!« Der Ältere versuchte es auf die nette Art. »Wir teilen, wir teilen!« Der Penner stellte sich in unsere Mitte und versuchte weiterhin, »seinen« Platz zu verteidigen. Schließlich sei er hier zuerst gewesen. Er zog ein Hundeleckerli aus der Tasche, und sein Hund fing wie von Zauberhand an, Tricks vorzuführen. Er

tat dies nicht ohne Erfolg. Direkt blieben ein paar ältere Damen stehen. Der Hund war eine Attraktion. Er gab Pfötchen, machte Rollen, stellte sich tot und vollführte einen Überschlag. Die Damen waren begeistert, und der Rubel für den Penner rollte. Innerhalb von ein paar Minuten hatte sich eine Menschentraube um ihn versammelt. Nun war ganz schnell klar, wem der Platz gehörte. Die Zigeuner hatten verstanden und trollten sich, um einen neuen Spielort zu suchen. Ich blieb erst mal stehen und war völlig

baff. Der Hund hatte mich ebenso in seinen Bann gezogen wie die fünfzig weiteren Passanten, die sich schon so früh am Morgen hier eingefunden hatten. Als Krönung seiner Show machte der Hund einen Handstand. Einmalig, das Publikum war begeistert. Das Ganze erinnerte mich an einen Spruch vom Broadway, den mein Vater immer zu sagen pflegte: »Never compete with kids and dogs, you'll always lose.« – »Versuch niemals, mit Hunden und Kindern zu konkurrieren, du wirst immer verlieren!«

Der Penner hatte innerhalb kürzester Zeit zwanzig Euro verdient, und er bedankte sich bei den Passanten, indem er sich wie nach einer Theatervorstellung verbeugte. Der Hund tat es ihm nach. Alle waren begeistert und klatschten. Der Penner guckte mich an, lächelte und deutete mit einer Handbewegung auf den Brunnen. »Die Bühne ist frei. Wir gehen jetzt frühstücken!«

»Bist du wirklich fertig?«

»Ja, wir zwei gehen jetzt. Du kannst den Platz haben, bis wir wiederkommen.«

»Oh, danke«, erwiderte ich. So bekam ich dann doch noch meinen Platz am Brunnen und baute schnell auf. Es war ein wolkiger Tag, und ich war etwas angespannt. Ein paar Leute stoppten und warfen den ein oder anderen Euro in meinen Koffer, der CD-Verkauf lief aber nicht so gut. An manchen Tagen ist das eben so. Nach einer Stunde fing ein Mann an, der sich später als Amerikaner

entpuppte, einen großen Tisch neben mir aufzubauen, auf den er eine Menge Bücher stapelte. Kurze Zeit später schrie er lauthals: »The end of the world is coming!« Nach ein paar Songs ging ich zu ihm hinüber und unterbrach ihn.

»Hey, kannst du nicht sehen und hören, dass ich gerade singe?«

»I don't speak German!«, war seine knappe Antwort.

»Ah, fuck off, you understand!«

»Oh, oh, don't be so angry«, versuchte er, mich zu beruhigen.

Ich wollte einfach nur deutlich zu ihm sein, denn ich hatte heute keinen guten Tag und war mies gelaunt.

»Ich habe heute einen Scheißtag, und ich arbeite ebenfalls, so would you please fuck off!«

»Okay, yes, the magic word ›please‹ … but why fuck off?«, fragte er mich. »Do you know the end times?«

Er versuchte ernsthaft, mir seine Bücher zu verkaufen. Seine Bücher über

das Ende der Welt. Ich erklärte ihm, dass ich seine Bücher nicht wolle und er genau fünf Minuten habe, um seine Sachen zu packen, sonst würde »the end of the world« direkt und jetzt gleich hier für ihn beginnen. »Okay, okay, peace, brother«, sagte er und fing an zusammenzupacken. Ich begann, erneut zu spielen. Doch irgendwie hatte ich nach ein paar Stunden keine Energie mehr. Ich bemühte mich, meinem Spruch »Ignore the moods« treu zu bleiben, und hielt stand. Währenddessen kam immer wieder ein Mann um die fünfzig zu mir.

»Bist du wirklich einer der Kellys, oder ist das nur ein Trick?«

»Nein, das ist kein Trick, ich bin wirklich ein Kelly.«

Nach weiteren zehn Minuten sprach er mich abermals an. »Könnte ich Sie um einen Gefallen bitten? Würden Sie ein Lied für meine Frau singen?«

»Ja, natürlich, ich singe hier ja die ganze Zeit auch für Sie!«

»Nein, sie ist zu Hause. Würden Sie vielleicht mitgehen und ihr dann ein Lied singen?«

»Oh, nein«, sagte ich, »dafür bin ich heute wirklich nicht aufgelegt. Ich mache auch keine Privatkonzerte!« Ich sang weiter und versuchte, ihn irgendwie loszuwerden, indem ich ihn ignorierte. Er aber wollte partout nicht aufgeben. »Bitte, bitte, kommen Sie mit mir zu meiner Frau, und singen Sie ein Lied für sie!«

»Ist sie krank? Warum kann sie nicht herkommen«, löcherte ich ihn.

»Nein, krank ist sie nicht, aber ihr geht es nicht so gut.« Er bat mich stundenlang, ihn zu begleiten. Gegen achtzehn Uhr war ich fix und fertig, weil der Tag nicht so gut lief, wie ich es mir wünschte. Ich hörte auf, packte meine Sachen zusammen und wollte gerade gehen, als der Mann wieder zu mir kam und mich bat, mit ihm zu seiner Frau zu kommen. Ich wollte einfach nicht und wies ihn schroff ab. Er folgte mir bis zum Auto, und als ich gerade meine Gitarre einpacken wollte, zeigte er auf ein etwas heruntergekommenes Haus etwa hundert Meter von uns entfernt.

»Schauen Sie, dort wohnen wir! Sie bräuchten nicht einmal hereinzukommen. Ich würde sie auf den Balkon bitten, und Sie könnten von hier unten singen.«

»Das ist das Haus dort drüben, ja?«, fragte ich. Er bejahte, und ich willigte ein, seiner Frau von der Straße aus einen Song zu singen. Ich blieb unter dem besagten Balkon stehen und wartete, bis beide draußen erschienen. Tatsächlich sah die Frau gar nicht gut aus, und ihr Gesicht war hart wie Stein. Doch kaum hatte ich mit meinem Song begonnen, brach die Frau in sich zusammen. Sie weinte völlig hemmungslos, und ihr Mann brachte ihr einen Stuhl. Für einen kurzen Moment wusste ich nicht, ob ich weitersingen sollte, entschied mich aber dafür. Sie weinte und weinte und traute sich kaum, mich

anzusehen. Ihr Mann hielt sie im Arm, bis ich meinen Song beendet hatte. Mittlerweile schaute sich auch schon eine ältere Dame von einem anderen Balkon die Szenerie an. Ich fragte den Mann freundlich, ob alles okay wäre, seine Frau hörte nämlich nicht auf zu weinen. Der Mann nickte nur. So stand ich jetzt da und wusste nicht genau, was ich tun sollte. Der Mann bedankte sich vom Balkon aus bei mir, und ich nahm meine Gitarre und machte mich auf den Weg zurück zum Auto. Als ich am Parkautomat

wartete, um mein Ticket zu bezahlen, stand er plötzlich wieder hinter mir. »Nochmals danke für das Lied, es hat meiner Frau sehr gefallen«, sagte er zögerlich. Ich fragte ihn, was mit ihr wäre, und er erklärte traurig, dass seine Frau morgens zu Hause eine Fehlgeburt hatte. Der Embryo war in die Toilette gefallen und wurde runtergespült. Es tat mir sehr leid, und ich war sprachlos.

Nach einer Weile verabschiedete ich mich von dem Mann und machte mich auf in eine neue Stadt.

Mein **Tank** ist leer, und ich trampe

Ich hatte mich entschieden, eine Strandpromenade im Norden Deutschlands zu besuchen. Ein anderer Straßenmusikant hatte sie mir empfohlen, weil er meinte, dass die Touristen bei schlechterem Wetter dort den ganzen Tag spazieren gingen. Wäre es heiß, hätte ich die Abende, an denen die Promenade voll wäre. Ich wollte es jetzt einfach versuchen.

Auf dem Weg dorthin klingelte mein Telefon. Dran war mein Bruder Angelo, der vor einiger Zeit wieder nach Irland gezogen war. Es gab so viel zu besprechen, und wir redeten und redeten, bis mein Auto auf einmal stehen blieb. Was war passiert? Ich war so in unser Gespräch vertieft, dass ich nicht bemerkte, dass meine Tankanzeige auf Rot stand und ein Warnsignal abgab. Mein Tank war leer, restlos leer. Da stand ich nun auf einer Landstraße irgendwo im Nirgendwo. Es war spät am Abend, schon dunkel und weit und breit kein Haus, kein Auto zu sehen.

Wenige Minuten später sah ich erleichtert, dass sich doch ein Auto näherte. Es hielt an, und die Fahrerin fragte mich, ob sie mich mitnehmen könne. Sie war vielleicht Mitte vierzig, sah aber viel älter aus. Sie hatte eine raue Stimme und qualmte wie ein Schlot. Ihr Auto stank nach Rauch, und aus dem Radio erklang ziemlich laut deutscher Schlager. Andrea Berg, glaubte ich zumindest zu erkennen. »Spring rein«, forderte sie mich auf, während sie auf den Beifahrersitz klopfte. Dankbar stieg ich ein. Sie würde mich an der nächsten Tankstelle rauslassen, sodass ich mir meinen mitgenommenen Kanister mit Benzin befüllen konnte. »Danke«, sagte ich, »das erinnert mich an Irland. Wenn jemand in Not ist, helfen sich die Menschen gegenseitig!«

»Ja, früher war das vielleicht so. In der DDR hatten wir nicht viel, aber wir hatten uns. Heute herrscht doch nur noch Misstrauen, keiner hilft, jeder ist geldgierig, alles ist stressig.« Sie war Altenpflegerin. »Ich bin in Privathäusern unterwegs. Die Dörfer sind alle leer, es gibt nur noch alte Leute. Deutschland ist krank. Und das Volk ist sowieso nicht nett. Die Menschen sind schrecklich. Schrecklich!« Alles, was sie sagte, war negativ. Sie schien nicht einen positiven Gedanken zu haben. Wir fuhren, und sie meckerte über Gott und die Welt. Und doch half sie mir. Als wir bei der Tankstelle ankamen, fragte ich sie, ob ich mich erkenntlich zeigen könnte. »Ich bitte dich, willst du mich beleidigen? Das habe ich gerne und umsonst gemacht!«

Ich erzählte ihr, dass ich einer aus der Kelly Family sei, und gab ihr eine CD, die ich noch in meiner Jackentasche hatte. Das beeindruckte sie nicht im Geringsten: »Ich höre keine englische Musik, nur deutsche«, schmetterte sie mein Geschenk ab.

»Kennst du die Kelly Family denn?«, fragte ich.

»Doch, die kenne ich, aber ich will die CD nicht!«

Höflich bedankte und verabschiedete ich mich. Ich staunte, wie jemand so negativ über die Menschen denken konnte und gleichzeitig bereit war, mir zu helfen, ohne eine Gegenleistung zu erwarten.

Was ein Mensch sagt und dann tut, muss also nicht immer gezwungenermaßen miteinander harmonieren. Der wahre Mensch zeigt sich manchmal wohl eher in dem, was er tut, nicht in dem, was er sagt.

Ich staunte, wie jemand so negativ über die Menschen denken konnte und gleichzeitig bereit war, mir zu helfen, ohne eine Gegenleistung zu erwarten.

Mein **Wiedersehen** mit **Johnny** in Warnemünde

Trotz meiner Suche nach meinem eigenen Weg kann ich meine Geschwister nicht völlig vergessen. Immer dann, wenn ich an einen Ort oder sogar vielleicht an denselben Platz komme, an dem wir schon mal mit der Familie gespielt haben, kommen auch sofort Erinnerungen an vergangene Zeiten zurück und damit verbunden natürlich auch viele intensive Gefühle. Es ist ein bisschen wie nach Hause kommen. Würde ich jetzt in unser altes Haus nach Spanien zurückkehren, wäre bestimmt auf einen Schlag meine ganze Kindheit lebendig: die vielen Streiche mit Joey, der Einbruch in das Haus der Dorf Irren, das Festsitzen in den Bergen aus Angst vor den Stieren und vieles mehr. So ähnlich ist es auch mit den Plätzen in Deutschland, die ich mit der Familie bereist habe. Käme ich nur als Tourist, würde es mich wahrscheinlich nicht tiefer bewegen. Doch ich komme als Musiker, als Straßenkünstler. Ich mache genau das, was ich mit meiner Familie schon viele Jahre zuvor dort getan habe. Wie oft denke ich in solchen Augenblicken: »Wenn doch meine

Trotz meiner Suche nach meinem eigenen Weg kann ich meine Geschwister nicht völlig vergessen.

Geschwister sehen könnten, dass ich jetzt wieder hier spiele!« Und dann folgt der nächste Gedanke: »Mensch, sie fehlen mir.«

Gerade bin ich in Warnemünde gewesen, in der Nähe von Rostock. Es war mal wieder Hanse Sail. Drei Tage spielte ich nun schon hier, und das Geschäft lief gut, auch an diesem Sonntagmorgen. Leider hatte ich aber ein kleines Problem. Keine zwanzig Meter von mir entfernt verkaufte jemand Segelklamotten an einem Stand. Und der Händler mochte mich nicht. Er sah, was ich verdiente, und war sauer darüber. Schon als ich aufbaute, ahnte ich, dass es heute Ärger geben würde. Egal, ich ließ mich nicht beirren und widmete mich meiner Musik. Die Promenade war voll, und schnell hatten sich um mich circa dreihundert Leute geschart. Das war ein tolles Gefühl, und ich war dementsprechend in Topform. Ich schloss meine Augen und sang. Als ich die Augen wieder öffnete, sah ich meinen Bruder Johnny und seine Frau genau vor mir in der Menschenmenge stehen. Die beiden lebten eigentlich in Spanien, doch am gestrigen Abend hatten sie einen Auftritt hier auf der Hanse Sail, direkt auf der Hauptbühne. Dort waren sie die Attraktion.

Eigentlich waren sie auf dem Weg zum Frühstück, als sie mich hörten. Spontan mischten sie sich unter das Publikum und standen in unmittelbarer Nähe vor mir. Nachdem ich meinen Song beendet hatte, kam Johnny auf mich zu, und wir umarmten uns. Für uns beide war es ein sehr berührender Moment und ein starkes Erlebnis. Vor zwanzig Jahren hatten wir nach der Wende noch gemeinsam genau an diesem Platz aufgebaut und gesungen. Und genau hier trafen wir uns nun nach Jahren voller Ups und Downs und allerlei Differenzen wieder. Wir verabredeten uns für eine Stunde später im Café. Johnny und seine Frau blieben als Zuhörer noch etwas bei mir stehen. Nach dem dritten Song kam auf einmal die Polizei. Händler hatten sie gerufen. Die Polizei wollte meine Musik vor den Augen meines Bruders und den Zuhörern stoppen und mich von meinem Platz verbannen. Ich weigerte mich und begann einen Streit. Dem Publikum kündigte ich über mein Mikrofon an: »Ich spiele weiter. Wenn man das hier nicht möchte, soll man mich eben mitnehmen!« Genervt durch meine Provokation, gaben die Polizisten mir eine Frist von zehn Minuten. »Bis dahin bist du fertig und hast deine Sachen gepackt!« Sie schienen mich nicht ernst zu nehmen. Ich ging aber nicht, spielte einfach weiter. Das Publikum war begeistert, und es war ein gutes Gefühl, die Menschen um mich herum hinter mir zu wissen. Mindestens eine halbe Stunde spielte ich noch, doch plötzlich setzte ein so heftiger Regen ein, dass ich nun doch zusammenpacken musste. »Da siehst du es, Jimmy. Der eigentliche Chef ist dort oben«, dachte ich lachend.

Zum Abschied sagte er zu mir: »Jimmy, ich habe sehr viel Respekt vor dem, was du jetzt tust!«

Vielleicht war der einsetzende Regen ja auch die Strafe für meine Frechheit gegenüber dem Händler. Ich hatte dem Publikum nämlich erzählt, dass er die Polizei gerufen hat, weil er mich nicht besonders mag. Daraufhin buhte ihn das Publikum heftig aus. Wirklich Sorgen machte ich mir aber nicht um ihn. Straßenkinder wie er, die drehen sich um und zeigen den Mittelfinger – auch der Masse.

Ich machte mich auf zu meiner Verabredung mit Johnny. Wir haben lange und gut geredet wie schon seit Ewigkeiten nicht mehr. Natürlich haben wir auch über unsere gemeinsame Kindheit und die Zeit auf der Straße gesprochen. Als er zuvor im Publikum stand, wurde er sehr aufgewühlt von der Erinnerung an unsere Vergangenheit. Zum Abschied sagte er zu mir: »Jimmy, ich habe sehr viel Respekt vor dem, was du jetzt tust!«

Ich kann kaum in Worte fassen, wie wichtig mir dieser Satz bis heute ist.

Der
Bergsteiger

Einmal habe ich einen Bergsteiger getroffen. Er mochte meine Musik und erzählte mir, dass auch er als junger Mann gerne Musiker werden wollte. Da sein Vater aber ein sehr guter Bergsteiger war, war klar, dass auch er in diese Richtung gehen würde.

Inzwischen besaß er ein Geschäft für Bergsteigerausrüstung. Wir unterhielten uns lange, und er erzählte zwei kleine Geschichten, die mich sehr beeindruckt und zum Nachdenken gebracht haben.

Er schilderte mir den Aufstieg eines Blinden, der es geschafft hatte, den Mount Everest zu besteigen. Wenn doch nun ein Blinder es schaffte, einen achttausendachthundertachtundvierzig Meter hohen Berg zu erklimmen, was konnte ich dann wohl alles schaffen und erreichen?

Zum anderen erzählte er mir von zwei besten Freunden, die aufbrachen, ebenfalls den Mount Everest zu besteigen, um danach den Berg mit Skiern wieder herunterzufahren. Sie waren weltweit die Ersten, die sich das zutrauten. Sie schafften den Aufstieg, doch auf dem Weg nach unten stürzte einer der beiden mit seinen Skiern ab und starb. Der andere schaffte die Abfahrt. Was mich an dieser Geschichte faszinierte, war, was der Überlebende als Fazit mitgenommen

Wir hatten alles erreicht, was man sich als Band nur hatte erträumen können. Doch unsere Freundschaften zueinander gingen in die Brüche.

hatte. Er sagte: »Wir hatten unser Ziel geschafft: Wir hatten den Mount Everest erklommen, und ich schaffte den Weg auf Skiern auch wieder hinunter. Doch der Tod meines Freundes nahm unserem Vorhaben die komplette Bedeutung.«

Ich musste an meine Familie denken. Wir hatten alles erreicht, was man sich als Band nur hatte erträumen können. Doch unsere Freundschaften zueinander gingen in die Brüche. Das nahm dem Ganzen ebenfalls jede Bedeutung. Ist also die Freundschaft das eigentliche Ziel?

Das nahm dem Ganzen ebenfalls jede Bedeutung.

Gold
auf der Straße

Jeden Abend lief Jürgen mit seinem Magnetgerät den Strand auf und ab. Nach drei Stunden zeigte er mir seinen Fund. Heute hatte er sechsundfünfzig Euro, zwei Ringe, einer davon aus siebenhundertfünfziger Gold, und einen silbernen Ohrring gefunden. Zwar wusste er nicht, wie viel der Goldring wert war, aber ein paar Hundert Euro müssten seines Wissens nach an diesem Tag schon drin sein. »Leute verlieren so viel auf der Straße und am Strand«, sagte er. Einmal fand er eine Armbanduhr, die er dann für einige Tausend Euro verkaufte. Die Saison am Strand dauerte etwa vier Monate, den Rest des Jahres verbrachte er mit der Suche nach Gold in Fußgängerzonen oder auf Weihnachts- und Wochenmärkten. Sein Durchschnittsverdienst lag

bei hundertzwanzig Euro am Tag. Das Sprichwort »Das Geld liegt auf der Straße« bekam hier wirklich einen Sinn.

»Du brauchst nicht mal so ein Gerät wie ich«, erzählte er mir, »in New York gibt es einen Typen, der läuft mit einem Handfeger und einem Messer auf der Suche nach Gold und Juwelen durch die Straßen. Abends siebt er den gesammelten Dreck wie ein Goldgräber im wilden Westen durch und verdient bis zu fünfhundert Dollar pro Tag! Man muss sich nur ein wenig auskennen und dann loslegen!«

Wahrhaftig: Geld zu verdienen scheint kein Problem zu sein, man muss es nur abholen. Verrückt – während der eine Mann bettelt, sammelt der andere das Gold vom Boden.

Hast du **Zeit**?

Ich wachte in meinem Auto auf und blickte nach draußen. Super, es war windig und bedeckt. Wenn es nicht regnete und der Wind die Luft abkühlte, würde mir ein guter Tag auf der Promenade in Kühlungsborn bevorstehen. Ich wartete, doch gegen Mittag hatten sich alle Wolken verzogen, und die Sonne stach vom Himmel. Die Leute gingen alle zum Strand, wirklich alle. Die Promenade war leer, der Strand dagegen brechend voll. Mein Handy piepte. Eine SMS von Bob, einem australischen Didgeridoo-Spieler, der mir mitteilte, dass er in Rostock auf der überlaufenen Hanse Sail spielte, sogar mit Genehmigung des Veranstalters. Das war ein Traum für jeden Straßenmusiker. Ich hatte auch angefragt, jedoch eine Absage bekommen. »Ha, ha,

ha!«, schrieb er noch als Zusatz. Wie deprimierend, vor allem, weil er den Tipp mit der Hanse Sail von mir hatte. Nie hatte ich damit gerechnet, dass er die Erlaubnis bekommen würde, dort zu spielen. Die Veranstalter waren harte Hunde, mit denen ich in der Vergangenheit immer große Kämpfe ausgefochten hatte. Und nun saß ich hier ohne Zuhörer in der Kühlungsborner Hitze. Ich konnte nicht arbeiten. Ich wartete und wartete auf ein Wunder. Aber die Sonne schien unablässig und heiß vom Himmel. Irgendwann war ich schlicht und einfach sauer und fühlte mich wie paralysiert. Ich setzte mich auf eine Bank. Ein großer Mann Mitte vierzig kam auf mich zu und nahm neben mir Platz.

»Hast du Zeit?«, fragte er.

Hanse Sail – das war ein Traum für jeden Straßenmusiker.

»Ausnahmsweise«, antwortete ich und fragte: »Wie heißt du?«

»Ich bin Nico. Ich habe immer Zeit.«

Mir wurde ziemlich schnell klar, dass Nico eine geistige Behinderung hatte. Ich war nicht gut drauf, genervt und hatte keine Lust, mich zu unterhalten. Ich wollte Geld verdienen. »Die Hitze ist wirklich schlimmer als Regen«, dachte ich. Neben mir rief Nico den wenigen Touristen zu: »Laurel und Hardy, Laurel und Hardy.« Er formte das Peace-Zeichen mit seiner Hand und rief mit viel zu lauter Stimme, da er selbst nicht gut hören konnte. »Hallo Fans, hallo Freunde!« Einige Passanten grüßten zurück, andere guckten nur komisch herüber. »Ich bin immer gut drauf, bin hart wie eine Rakete. Wunschlos glücklich, Meister mal zwei«, schrie er.

»Hast du Zeit?«, fragte er mich zum zweiten Mal.

Wieder antwortete ich: »Ja, ausnahmsweise. Bis die Wolken kommen, muss ich hier warten.«

»Ah. Ich kenne viele hier, habe viele Freunde. Aber die haben alle keine Zeit.«

Ich fragte noch mal nach seinem Namen, da ich ihn vergessen hatte. »Ich heiße Nico, aber meine Pfleger nennen mich Nemo, weil ich immer über meinen Vater rede und ihn so gerne wiedersehen würde«, plauderte er auf mich ein.

»Wo ist er denn?«

»Mein Vater ist tot. Er war nicht nur mein Vater, er war mein allerbester Freund.

Wir haben alles zusammen gemacht. Wir sind jeden Tag schwimmen gegangen. Er war Champion, hatte alle Wettbewerbe gewonnen, und ich war immer dabei! Er spielte Akkordeon. Wir lernten alle Schlagersongs auswendig, wie ›Ein Bett im Kornfeld‹. Und wir schauten alle Folgen von Laurel und Hardy. Wir zwei waren

Laurel und Hardy. ›Wie Dick und Doof sind wir‹, sagte mein Vater immer.«

»Bist du schon behindert geboren?«, wollte ich wissen.

»Nein, ich hatte im Alter von zwei Jahren eine schlimme Entzündung. Mein Vater hatte immer Zeit für mich. ›Zeit ist das Wichtigste im Leben‹, sagte er stets.

Schön, dass du Zeit hast«, meinte Nico zu mir. »Schön, dass du hier bist. Du bist hier, und ich bin hier. Wir sind hier. Blau und blau«, bemerkte er und zeigte auf unsere Hosen. »An meinem Geburtstag sagte mein Vater mir, dass er gehen muss, weil er krank sei.«

»Woran ist dein Vater gestorben?«

»An Krebs, aber ich bin trotzdem wunschlos glücklich. Blau, meine Hose ist blau und deine auch. Wenn einer was sagt, wird er einen Kopf kleiner gemacht. Das hat Papa immer gesagt. Hallo Fans! Hallo Freunde!«, rief er immer und immer wieder. Das Peace-Zeichen in die Luft streckend, wiederholte er ständig seine Frage: »Hast du Zeit?«

Wir saßen den ganzen Tag an der Promenade von Kühlungsborn, bis dunkle Wolken aufzogen und ein Gewitter uns unter ein Vordach zwang. Dort unterhielten wir uns weiter. Am Abend verabschiedete ich mich von ihm. Er begleitete mich bis zum Auto. Im Regen packte ich meine Sachen hinein, und wir umarmten uns klitschnass. Er fragte, ob ich morgen wieder da sei. »Nein, morgen muss ich nach Stralsund und arbeiten. Aber ich komme wieder, das verspreche ich dir.«

»Ich warte auf dich«, sagt er, »egal, wie lange. Ich habe Zeit!«

Das **Stadtfest** in Magdeburg und die **Hilfe** der Polizei

Ich war in Magdeburg und spielte auf dem Stadtfest. Nach einem Song kam mir einer der Händler entgegen, der seinen Stand genau gegenüber von mir hatte. Angezogen ganz in Weiß wie ein Arzt, verkaufte er seine Fußpflegeprodukte etwa hundert Meter weiter entfernt. Ohne ein Wort des Grußes fing er sofort an, mich anzuschnauzen. Ich solle hier verschwinden, wegen mir könne er seine Arbeit nicht machen.

Ich verneinte. Ich würde hier an diesem Platz weitersingen. Er pöbelte weiter, dass er keines seiner Produkte an den Mann bringen könne und ich daran schuld sei. »Hör mal, es gibt einen Unterschied zwischen dir und mir. Ich biete etwas umsonst, und du verkaufst etwas. Wir sind hier aber auf einem Stadtfest.«

»Ich bezahle aber Miete an den Veranstalter für meine vier bis fünf Quadratmeter und du nicht. Also habe ich ja wohl mehr Rechte!«

»Das mag sein. Trotzdem handelt es sich um ein Stadtfest, nicht um einen Markt, also sollte man hier doch auch Musik machen können.«

»Hör mal, du wirst gleich etwas erleben! Ich sehe nicht ein, dass du mir mein Geschäft vermiest!«

Er ging weg, und wie ich kurze Zeit später herausfand, hatte er den Veranstalter angerufen, denn ich sah die Sicherheitsleute des Veranstalters auf mich zukommen.

»Herr Kelly, wir müssen Sie bitten, den Platz zu räumen, die Händler beschweren sich über Sie!«

»Ja, der eine Händler dort drüben beschwert sich, die anderen scheinen ganz okay zu sein!«

»Ja, aber er bezahlt Standgebühren und Sie nicht, Herr Kelly.«

»Nein, ich werde nicht weggehen! Was mache ich denn falsch? Gar nichts. Ich stehe hundert Meter von dem Händler dort drüben entfernt. Er ist nur sauer, dass sich niemand für seinen Stand interessiert, dass dort niemand vorbeigeht. Er hat einen schlechten Platz erwischt. Gebt ihm doch einfach eine bessere Ecke.«

»Herr Kelly, können Sie nicht einfach selbst an einen anderen Platz ziehen? Wir geben Ihnen einen kleinen Platz da drüben, der ist am anderen Ende des Stadtfestes.«

»Nein, ich möchte mittendrin spielen, und hier bin ich mittendrin – ich bleibe hier!«

»Okay, aber das geht nicht, das können Sie nicht machen.«

»Doch, die Stadt gehört ja schließlich jedem, nicht Ihnen.«

»Nein, wir als Veranstalter haben diese Fläche gemietet, und somit können wir auch entscheiden, was hier passiert!«

»Nee, das sehe ich aber nicht ein! Es ist immer noch die Stadt des Volkes und kein Privatgelände!« Ich wollte nicht so einfach aufgeben.

»Herr Kelly, wir müssen Sie bitten, diesen Platz freizugeben, sonst müssen wir härtere Maßnahmen ergreifen!«

»Ja, bitte, dann rufen Sie die Polizei oder den Geschäftsführer«, gab ich trotzig zur Antwort.

Der Geschäftsführer ließ sich nicht blicken, stattdessen traf nach einigen Minuten die Polizei ein. Zwei Polizisten, ein jüngerer und ein älterer, kamen auf mich zu, und ich sagte zu dem Älteren,

Die Passanten entscheiden, was ich wert bin oder nicht.

noch bevor dieser das Wort ergreifen konnte: »Ich werde nicht gehen, Sie werden mich mitnehmen müssen. Und wenn ich die Polizeistation wieder verlasse, werde ich hier weiterspielen!«

»Herr Kelly, was soll das? Warum machen Sie das?«

»Wie? Was soll das? Ich bin der Einzige hier, der etwas umsonst bietet! Es gibt zwei Bühnen auf dem ganzen Stadtfest. Eine am Marktplatz, die andere unten am Rathausplatz. Beide Plätze sind mit Zäunen und schwarzer Plane abgetrennt. Wer rein möchte, muss wohl oder übel drei Euro Eintritt bezahlen, um ein Musikprogramm erleben zu können. Der Rest des Stadtfestes besteht aus irgendwelchen Marktständen, die man auch den Rest der Woche überall finden kann, und vielleicht noch hier und da aus einer Kirmesbude. Aus allen Ständen dröhnt laute DJ-Musik, doch niemand bietet hier Livemusik umsonst. Magdeburg ist wie eine Heimat für mich. Ich war schon als Kind hier, und meine Familie, die Kelly Family, und ich haben hier umsonst Musik geboten. Niemand musste etwas bezahlen, um uns zuhören zu können. Ich bin auf eigenes Risiko hierhergekommen, ich verlange weder von der Stadt noch vom Veranstalter irgendeine Gage. Die Passanten entscheiden, was ich wert bin oder nicht. Und aus diesem Grund werde ich diesen Platz nicht verlassen. Das hier ist mein Volk, meine Familie. Sie müssen mich schon verhaften. Was hier auf diesem Stadtfest abgeht, ist reine Abzocke, eine billige Masche! Man nennt es Stadtfest. Die armen Leute kommen hierher, vielleicht noch mit ihren Kindern, mehr als ein Drittel aller Menschen in Magdeburg ist arbeitslos, aber niemand kann hier etwas kostenlos erleben. Man muss bezahlen, um wenigstens ein bisschen Unterhaltung zu bekommen. Die Kinder möchten die Kirmesattraktionen nutzen, die auch Geld kosten. Bis die Familien abends wieder zu Hause sind, haben sie eine Menge Geld ausgegeben. Ein Shoppingtag wie jeder andere auch!«

»Ja, aber es gibt hier doch eine Parade«, entgegnete einer der beiden Polizisten.

»Ja, eine billige Parade«, gab ich zurück. »Jeder LKW, der teilnimmt, stammt von irgendeiner Firma. Alle schmeißen ein paar Bonbons, alles nur Werbung, eine reine Verarschung. Aber das ist mein Volk, und ich gehöre hierhin. Ich bleibe hier, und ich gehe auch gerne in den Knast. Das geht mir alles auf den Keks, ich störe eigentlich niemanden. Und der Typ, der sich beschwert hat, könnte seinen Stand innerhalb kürzester Zeit an einem Platz aufbauen, der besser ist.«

Der ältere der beiden Polizisten schaute mich nachdenklich an. »Wissen Sie was, Herr Kelly? Sie haben recht! Ich werde jetzt gehen. Und was Sie sagen, ist

absolut richtig.« Und er ging wirklich. Er rief den Geschäftsführer an, und die Sicherheitsleute kamen zurück. Ich sang einfach weiter. Zwanzig Meter hinter mir versuchte der Geschäftsführer ziemlich lange, die Polizisten davon zu überzeugen, mir das Singen zu verbieten. Nach einer halben Stunde hitziger

Diskussionen waren sie verschwunden, und ich konnte in Ruhe das ganze Wochenende spielen.

Das Ganze fand natürlich auch seinen Weg in die Presse. Ein Passant informierte die lokale Zeitung über den Vorfall, die daraufhin einen Artikel druckte. Viele meiner Zuschauer schrieben Leserbriefe, und ein Reporter bat mich ebenfalls um eine Stellungnahme. Die Passanten bestätigten meine Sicht der Dinge. Sie bekamen auf diesem Stadtfest nichts geboten, ohne dafür bezahlen zu müssen. Sie erzählten, ich sei ihr Highlight gewesen.

Sechs Monate nach diesem Vorfall bekam ich einen Anruf des Veranstalters. Er entschuldigte sich bei mir und versprach, dass ich beim nächsten Stadtfest wieder auftreten dürfe. »Ich bekomme also einen Platz, umsonst?«

Er sagte zu.

Die alleinerziehende
Mutter

Vor nicht allzu langer Zeit habe ich in Waren an der Müritz gespielt. Nach meinem Konzert sprach mich eine junge Frau an. Sie erzählte begeistert, dass sie früher ein großer Fan der Kelly Family gewesen sei und zu vielen Konzerten gereist war. Heute sei das nicht mehr so einfach. Sie habe drei Kinder und sei immer voll beschäftigt. Deswegen war sie auch froh, dass ich heute in ihrer Nähe spielte. Ich fragte sie, warum ihr Mann die Kinder denn nicht einmal für einen Abend nehmen könne, damit sie ein Konzert besuchen oder ins Kino gehen kann. Sie erzählte mir, dass ihr Mann sie vor ein paar Jahren verlassen hatte. Wir kamen ins Gespräch, und ich fragte sie auch nach ihrem Tagesablauf als alleinerziehende Mutter. »Morgens um vier Uhr dreißig stehe ich auf. Ich wecke die Kinder, wir ziehen uns an, richten alles für

den Tag. Danach wird gefrühstückt. Ich stelle schnell die Waschmaschine an, dann räume ich die Küche auf. Anschließend packe ich alle ins Auto. Den Kleinsten bringe ich in den Kindergarten, die beiden Größeren zur Schule. Ich setze sie dort ab und fahre direkt weiter zur Arbeit. Um sechzehn Uhr habe ich Feierabend und hole im Anschluss alle Kinder wieder ab, um gemeinsam nach Hause zu fahren. Dort angekommen, kümmere ich mich schnell um die Wäsche, und die Kinder machen ihre Hausaufgaben. Dann koche ich Abendessen, und die Kinder dürfen in der Zeit etwas fernsehen. Es bleibt mir noch etwas Zeit, die Bügelwäsche zu erledigen, die Einkaufsliste für den nächsten Tag zu schreiben. Oder ich bearbeite die Post, die leider stets voller Rechnungen ist. Gegen neunzehn Uhr dusche ich die Kinder und

mache sie bettfertig. So gegen zwanzig Uhr sind alle drei im Bett. Wenn um zwanzig Uhr dreißig alle eingeschlafen sind, habe ich noch eine Stunde für mich, bevor ich auch schlafen gehe. Am nächsten Morgen geht es ja wieder von vorn los. Täglich grüßt das Murmeltier!«

Als sie mir diesen Tagesablauf geschildert hatte, wusste ich: Das war ein ganz normaler Tag. Aber es gab eben auch Tage, an denen die Kinder krank waren, Arzttermine anstanden oder ähnliche Dinge. Während ich unterwegs war, hatte meine Frau zu Hause einen ähnlichen Ablauf. Dieses Land ist wirklich voller Heldinnen. Von Frauen wie ihnen – den Mamas – wird unser Land getragen. Oft bekomme ich auf der Straße Lob und

Anerkennung für meine Songs. Niemand aber steht abends in der Küche und klatscht für diese junge Mutter. Keiner verlangt nach einer Zugabe, keiner klopft ihr auf die Schulter, ruft »Bravo!« und »Weiter so!« Sie muss auch keine Autogramme verteilen.

Dieses Land ist wirklich voller Heldinnen. Von Frauen wie ihnen – den Mamas – wird unser Land getragen.

Auf meine Nachfrage, woher sie ihre Motivation nehme, antwortete sie: »Manchmal kommt eines der Kinder, nimmt mich in den Arm und sagt mir, ich sei die beste Mutter der Welt!«

Das **Brautpaar**

Endlich fand ich einen Platz, an dem ich meine kleine Anlage aufbauen konnte. Eine Verkäuferin aus der angrenzenden Bäckerei eilte herbei und jubelte: »Herr Kelly, ach, wie schön, dass Sie da sind und hier spielen. Gestern war hier eine Zigeunerfamilie aus Rumänien, die haben nur gebrüllt und gebrüllt! Mein Gott, diese armen Kinder, wie schmutzig sie waren, und die arme Mutter. Hatte den ganzen Tag ihr Baby im Arm. Wie kann man nur so leben?«

»Ha, wem sagen Sie das?«, entgegnete ich, »so bin ich aufgewachsen. Wild und frei wie diese Zigeunerfamilie. Und so schrecklich es klingen mag, ich hatte die schönste Kindheit, die ich mir hätte vorstellen können. Wenn ich so sehe, wie meine Kinder zur Schule gehen und ständig lernen müssen, damit sie gute Noten erreichen, wollte ich nicht tauschen. Oder die heutigen Geschichten über Mobbing an den Schulen. Ich weiß wirklich nicht, was da schlimmer ist. Aber ich freue mich, dass Sie sich über mich freuen!«

»Ja, wir freuen uns sehr. Wenn Sie die Toilette benutzen möchten, kommen Sie gerne herein!«

Ich bedankte mich und begann zu spielen. Sofort kam ein Mann auf mich zu und fragte: Können Sie mal ›An angel‹ singen?«

»Nein, ich habe diesen Song eigentlich nie gesungen, höchstens mitgesungen. Leider ist er zu hoch für meine Stimmlage.«

Ich hatte die schönste Kindheit, die ich mir hätte vorstellen können.

»Ach«, hörte ich ihn sagen, »das ist doch nicht schlimm, singen Sie ihn trotzdem für mich, es würde mich freuen!«

»Leider kann ich auch den Text und die Akkorde nicht wirklich, ich habe es ja immer nur mitgesungen«, gab ich zur Antwort.

»Okay«, erwiderte er knapp. Nach fünf Minuten stand er erneut vor mir.

»Sagen Sie, Herr Kelly, können Sie dann vielleicht ›Sometimes‹ für mich spielen?«

Ich entgegnete ihm: »Aber das ist doch derselbe Song!«

»Egal«, ließ er nicht locker, »bitte, singen Sie ihn doch für mich!«

»Wie Sie möchten«, gab ich mich geschlagen und sang »Halleluja« von Leonard Cohen für ihn. Nach dem Lied kam er begeistert auf mich zu.

»Sehen Sie, es geht doch, man muss es nur versuchen!«

»Ja, da haben Sie recht«, stimmte ich schmunzelnd zu. Er gesellte sich wieder zum restlichen Publikum und schien meine Musik auch weiterhin zu genießen.

Nach ein paar weiteren Stücken sprach mich ein anderer Mann an. Er war schätzungsweise um die sechzig Jahre alt. »Herr Kelly, meine Tochter war

früher ein großer Fan Ihrer Familie, und ich bin auf dem Weg zur Kirche, sie heiratet nämlich heute. Würden Sie mir einen Gefallen tun und dem Brautpaar nach der Zeremonie einen Song singen? Wir kommen auf dem Weg zur Feier sowieso hier vorbei.«

»Klar, ich bin hier«, versprach ich ihm sofort. Einige Zeit später sah ich die komplette Hochzeitsgesellschaft durch die Fußgängerzone laufen. Es sah aus wie im Film. Die Gesellschaft war schick gekleidet und die Braut strahlte in einem weißen Kleid, eingehakt bei ihrem Bräutigam, einem kräftigen Mann Mitte dreißig.

Der Vater gab mir ein Zeichen – Daumen hoch –, und ich fragte die Braut, welches Lied sie sich wünscht. Als eingefleischter Kelly-Fan nannte sie zu meinem Glück »Cover the road«, ein Stück, das ich sogar selbst komponiert und schon Tausende Male gesungen hatte.

Schon nach den ersten Tönen forderte der Bräutigam seine frisch angetraute Ehefrau inmitten ihrer Gästeschar zum Hochzeitstanz auf. Vater und Mutter der Braut standen ergriffen am Rand, und auch ich musste etwas schlucken, als die beiden vor Glück anfingen, gleichzeitig zu lachen und zu weinen. Am Ende des Songs brach ein riesiger Applaus über uns herein, die Gäste der Hochzeit warfen Reis und »Hipp-Hipp-Hurra«-Rufe wurden laut. Es wurde fleißig fotografiert, und ich gab den beiden als Hochzeitsgeschenk noch eine meiner CDs mit auf den Weg. Der Bräutigam lud mich zum Essen und Feiern ein, doch ich musste leider weiterarbeiten. Ein paar Minuten später stand ich wieder allein auf der Straße und sang für ein paar Touristen, die an mir vorbeiliefen. Ich dachte an meine Frau, an meine Kinder und daran, was für ein Segen es war, am Leben zu sein.

Die **Prostituierte**

Einen Sommer lang versuchte ich, auch in einigen Großstädten zu spielen, ohne dass dort irgendwelche Stadtfeste stattfanden. Ich wollte mein Glück in den großen Fußgängerzonen versuchen. In Frankfurt regnete es seit Stunden, und ich wurde häufiger zu kleinen Pausen gezwungen. Unweit von mir stand eine Frau, die mir schon lange zugehört hatte. Sie sah müde und viel älter aus, als sie wahrscheinlich war. Sie kam auf mich zu und kaufte eine CD. Wir kamen ins Gespräch, da sie sich noch gut an meine Familie und unsere Konzerte erinnern konnte: »Ja, damals, als ich klein war, haben wir euch als Familie gehört. Ich komme eigentlich nicht aus der Großstadt. Ich bin in einem ganz kleinen Dorf aufgewachsen. Auf einem Bauernhof.« Ihre Kindheit dort war sehr glücklich, bis ihr Onkel eines Tages anfing, sie

Ihre Kindheit war sehr glücklich, bis ihr Onkel eines Tages anfing, sie sexuell zu missbrauchen.

sexuell zu missbrauchen. »Ich traute mich nicht, jemandem davon zu erzählen, denn ich schämte mich.« So erging es ihr jahrelang. »Am Abend trank er viel Alkohol und kam dann zu mir. Der Missbrauch ging weiter und weiter. Eines Abends kam er wieder zu mir ins Zimmer. Er war betrunken, und wir waren allein auf dem Hof. Meine Eltern waren ausgegangen. Er hatte seine Schrotflinte dabei. Er kam auf mich zu, steckte sich den Lauf in den Mund und legte meine Hand auf den Abzug. Er sagte: ›Drück ab!‹ Und ich tat es. Er fiel tot zu Boden, und ich bin abgehauen, bevor meine Eltern nach Hause kamen. Ich war seitdem nie mehr dort, habe meine Eltern bis heute nie wiedergesehen. Ich bin hierhergekommen, untergetaucht und verkaufe meinen Körper für Geld. Was aus meiner Familie geworden ist, weiß ich nicht.«

Teenage **mom**

Eines Tages habe ich in Gotha gesungen. Vor mir stand ein fünfjähriger Junge, in der Hand einen Ballon in Form eines Pferdes.

Während einer Pause haben wir uns ein wenig unterhalten, denn er schien sehr aufgeweckt und neugierig zu sein. »Wo sind denn deine Mutter und dein Vater?« Er drehte sich um und zeigte nach hinten: »Da!« Doch alles, was ich sah, waren drei Mädchen. Teenager, die gerade mit ihren Handys filmten.

Da ich mir nicht vorstellen konnte, dass eines der Mädchen die Mutter war, schaute ich herum und befragte ihn nebenbei. »Wo ist denn dein Papa?«

»Wer flüchtet, ist tot.«

»Der ist tot«, antwortete der Kleine.

»Oh, das tut mir aber sehr leid«, entgegnete ich, »mein Papa ist auch tot. Ich werde jetzt ein Lied für die beiden spielen. Vielleicht trinken die beiden ja gerade etwas zusammen.«

Nach dem Song kam einer der drei Teenager zu mir und sagte: »Der Vater ist nicht tot. Ich habe es meinem Sohn erzählt, weil mein Freund mich verließ, nachdem er erfuhr, dass ich schwanger war.«

»Er ist also nicht tot?«

»Doch, er ist tot, denn wer flüchtet, ist tot.«

Was die **Leute** so sagen –
Lass die **Leute** reden

Eine langjährige Freundin, die mich häufig auf der Straße begleitete, stand immer mitten im Publikum und lauschte, was die Leute so über mich und meine Musik redeten. Hier sind ein paar der Kommentare, die sie aufgeschnappt hat.

Gotha

Ein Mann trat an uns heran und fragte: »Singt der echt selber, oder macht er nur den Mund auf und zu?«
   »Selbstverständlich singt er selber!«
   »Oh, dann hat er ja eine supertolle Stimme!«

Zwei Männer unterhielten sich: »Guck mal, die Flasche. Der trinkt bestimmt Schnaps, um seine Stimme zu ölen.«

Ein Ehepaar lief eilig an Jimmy vorbei. Der Mann bat seine Frau, doch zu warten, er wollte eine Münze in Jimmys Gitarrenkoffer werfen. Die Frau ganz empört:« Sag mal, spinnst du? Die sind millionenschwer, da werde ich doch diese Bettelei nicht unterstützen!«

Eine ältere Dame begutachtete eine CD. Freudestrahlend kam sie zu ihrem Mann zurückgelaufen und sagte: »Du, Jimmy hat mich richtig angeguckt. Mann, jetzt bin ich glücklich!«

Jena

Ein Mann fragte: »Ist der junge Mann da echt?«
   »Ja, der ist aus Fleisch und Blut!«
   »Ich meinte doch, ob er wirklich von der Kelly Family ist?«
   »Ja.«
   »Ohhhh, der kann ja wirklich gut singen, das hätte ich nie gedacht!«

Ein kleines Mädchen lauschte Jimmys Musik. Als der Song zu Ende war, lief sie nach vorn, klopfte ihm auf den Schenkel und rief: »Das hast du aber fein gemacht!«

Leipzig

Ein Zuhörer: »Wow, der Mann ist ja Weltklasse!«

Eine Frau sagte zu ihrer Freundin: »Ihhhh, schau mal, kaputter Hut, dreckige Hose, der ist ganz schön runtergekommen.«

Die Freundin antwortete: »Der stammt ja auch von Zigeunern ab.«

Zwei ältere Damen unterhielten sich: »Guck mal, das ist doch der, der ewig in der Psychiatrie war!«

Eine Frau: »Mann, ich zittere total. Das ist doch der, der immer mit Stefan Raab den Eiskanal runterrammelt.«

Zwei Männer unterhielten sich: »Pfffffft, Kelly Family, dass ich nicht lache. Der schmückt sich doch mit fremden Federn.« Der andere: »Nee, nee, das stimmt schon, der wurde doch von seiner Familie verstoßen!«

Jimmy streichelte einem kleinen Mädchen über den Kopf. Mutter: »So, Kind, jetzt wirst du nie wieder gewaschen!«

Eine circa fünfunddreißigjährige Frau rief lauthals über den Platz: »Waaaas? Jimmy Kelly, und ich habe keinen Fotoapparat dabei. Was für eine Riesenscheiße!«

Eine siebzigjährige Frau sagte zu ihrer Begleiterin: »Schau dir diesen jungen Mann dort an. Der ist sooo natürlich und unverdorben. Seine Musik kommt aus tiefstem Herzen.«

Ein älterer Herr trat an Jimmy heran: »Entschuldigen Sie, ich beobachte Sie schon eine Weile. Die Leute sind begeistert, kaufen CDs und möchten Autogramme. Sie müssen berühmt sein!«

Jimmy antwortete: »Ach, ich war schon öfter in Erfurt, die Leute kennen mich mittlerweile. Vielleicht hat es auch noch einen anderen Grund, aber das ist eine längere Geschichte!«

Eine Frau kaufte sich eine CD. Sie sagte zu ihrem Mann: »Ich habe ihn angefasst, ich habe ihn angefasst! Ein Traum ist endlich wahr geworden!«

Wernigerode

Eine Dame sagte zu Jimmy: »Sie sehen aus wie Ihre Mutter!« Jimmy konterte: »Na, dann bin ich ja wenigstens hübsch!«

»Pppffffft ..., das ist keiner der Kellys. Der würde nicht so rumspinnen wie ›... die beste CD seit Elvis!‹«

Ein Paar stand hinter dem Publikum und lauschte Jimmys Musik. Die Frau sagte aufgeregt zu ihrem Mann: »Die Stimme kenne ich doch, die Stimme kenne ich doch! Aber woher?« Wenige Augenblicke später ihr Ausruf: »Jetzt weiß ich es. Der war mal bei den Backstreet Boys!«

Rostock
Warnemünde

Ein Ehepaar mittleren Alters, die Frau blieb fasziniert stehen und flüsterte: »Guck mal, einer der Kellys!«

Die Reaktion ihres Mannes: »Mensch, Gudrun, das ist doch bloß ein Pseudonym, du glaubst doch nicht ernsthaft, dass das ein Kelly ist!«

Warnemünde
Promenade

Jimmy spielte vor dem Hotel Neptun. In zwanzig Meter Entfernung stand ein Toilettenhäuschen. Die Toilettenfrau lauschte andächtig Jimmys Musik. Gegen Abend ging ich zum wiederholten Male auf besagtes Toilettenhäuschen. Da sagte die Frau zu mir: »Also, wissen Sie, der Musiker war heute noch nicht einmal pinkeln. Das kann doch nicht normal sein!«

Dresden

Zwei junge Frauen unterhielten sich: »Ist das nicht der jüngste Kelly?«

»Nee, den habe ich neulich erst im Fernsehen gesehen, der ist viel hässlicher!«

Eine Mutter schob ihren kleinen Sohn in die erste Reihe. Der hielt sich die Ohren zu, da es ihm viel zu laut war. Die Mutter nahm ihm die Hände weg und sagte unfreundlich: »Du hörst jetzt zu, das ist schön!«

Ein Ehepaar im Gespräch: »Ist das nicht traurig, jetzt muss er hier auf der Straße spielen und sein Geld verdienen. Dabei waren die mal ganz oben.«

»Aber vielleicht macht ihm das ja Freude, hier zu spielen!«

»Dann schau ihn dir mal an, so sieht er aber nicht aus!«

Ein junges Mädchen machte ihren Freund darauf aufmerksam, dass Jimmys Hose doch schon ziemlich kaputt war und nicht mehr so toll aussah.

Der junge Mann antwortete: »Ey, Mann, das ist eine Tom-Taylor-Hose, die würde ich auch nicht gleich wegwerfen!«

Eisleben

Eine ältere Dame fragte: »Haben Sie auch Videos und Kassetten, auf denen der Mann mit dem langen weißen Bart mit drauf ist?«

Ein älterer Mann trat auf Jimmy zu und fragte sehr laut: »Sprichst du auch Deutsch?«

Jimmy: »Ja.«

»Und warum singst du dann nicht Deutsch? Den Mist hier versteht ja keiner!«

Leipzig

Ein Zuhörer: »Mann, der singt ja richtig gut. Aber das ist ja schon fast peinlich, es zuzugeben.«

Der **Kreiselmann**

Ich hatte einen Freund, der 2014 verstarb. Er nannte sich der »Kreiselmann«. Er hieß so, weil er alle Arten von Holzkreiseln an einem kleinen Stand verkaufte, der selbst die Form eines solchen hatte.

Vierzig Jahre lang war er ein erfolgreicher Ingenieur gewesen, bis der Arzt bei ihm eines Tages ein schweres Herzproblem feststellte. Er musste sofort operiert werden, da sonst seine Überlebenschance sehr gering war. Nach der großen Operation konnte er monatelang nicht arbeiten und verlor seinen Job. Hinzu kam, dass sein Herz sehr schwach war und er den ärztlichen Rat bekam, keine schwere Arbeit mehr zu verrichten. Als Kind hat er gerne geschnitzt. Jetzt widmete er sich diesem Hobby von Neuem. Er begann, Kreisel zu schnitzen. Anfänglich nur einen für seinen kleinen Neffen, dann für die Kinder in seinem Dorf. Schon bald kamen gezielte Anfragen, und so verkaufte er seine ersten Exemplare. Schon bald baute er ein kleines Geschäft mit seinen geschnitzten Kreiseln auf und zog von Stadtfest zu Stadtfest. An manchen Tagen verdiente er mehr als ich und hatte dazu noch eine Arbeit, die ihn vollkommen erfüllte und glücklich machte. Ein Kindheitstraum wurde für ihn wahr. Ich erlebte ihn nie schlecht gelaunt. »Das Leben ist zu kurz, um sich seine Laune vom Wetter verder-

Er hatte eine Arbeit, die ihn vollkommen erfüllte und glücklich machte.

ben zu lassen. Wir sind wie Jojos. Wir lassen uns vom Wetter hoch- oder runterspielen«, sagte er mir einmal. Wie recht er hatte. Wie oft treffen wir

jemanden und beschweren uns über das Wetter. »Ja, es geht ganz gut, aber das Wetter …« Auf der Straße spielt das Wetter eine große Rolle, ob man gut arbeiten kann oder nicht. Oft denke ich an den Kreiselmann, der leider an den Folgen seiner Erkrankung verstarb. Ich denke an ihn und daran, an meinen Arbeitstagen auf der Straße kein »Wetterjojo« mehr zu sein.

Peter und sein Hund

Stundenlang saß er schon vor mir und hörte mir zu. Peter, der Obdachlose, mit seinem Hund. Immer wieder weinte er. Als der Tag ausklang, bedankte er sich für meine Musik. Ich fragte ihn nach seinem Hund

»Ist das dein Freund?«

»Ja, er ist Freund und Versorger in einem. Wenn ich bettele, bekomme ich zweimal mehr, wenn er bei mir ist. Ohne ihn würde ich vermutlich gar nicht überleben. Die meisten Menschen geben mir seinetwegen Geld. Glaubst du, es ist schön, zu wissen, dass der Hund den Menschen mehr wert ist als ich? Manchmal habe ich ihn ganz allein mit meinem Hut sitzen lassen, und er hat mehr ver-

Nachts ist er mein Wächter und tagsüber mein Versorger.

dient als ich. Nachts ist er mein Wächter und tagsüber mein Versorger. Immer wieder kommt jemand auf mich zu und möchte ihn kaufen. Einmal bot mir eine

Frau, die sich so richtig in ihn verliebt hatte, erst dreißig Euro, dann hundertfünfzig und am Schluss sogar fünfhundert Euro. Zwei Tage später wollte sie mir tausend Euro für den Hund geben.

Ich habe mich echt gequält, fast hätte ich ihn verkauft, aber dann habe ich es doch nicht übers Herz gebracht. Heute bin ich echt froh darüber. Ohne diesen Hund hätte ich gar nichts. Einen Freund kann man nicht wiederkaufen. Ich habe die Frau dann gefragt, ob sie mich vielleicht kaufen wolle. Das hat ihr, glaube ich, nicht gefallen. Danach kam sie nie wieder.«

»Wie muss sich das anfühlen«, denke ich, »weniger wert zu sein als ein Hund?«

Fröhlich
trotz Handicaps

Ein Mann ohne Arme und Beine stand in seinem Rollstuhl schon seit einiger Zeit vor mir. Er schien sehr berührt zu sein, und ich gab mir Mühe, mein Bestes zu leisten. »Der arme Mann«, dachte ich. »Es muss so hart sein, ohne Arme und Beine leben zu müssen – wie traurig.« Er wirkte sympathisch, sein Gesicht strahlte etwas Positives aus.

Ich hatte eine Stimme, mit der ich sang und sprach, Hände, mit denen ich Gitarre spielte, doch meine Lieder waren traurig.

Ich glaubte, dass meine Musik ihm gefiel. Also sang ich weiter. Nach ein paar Songs kamen einige aus dem Publikum nach vorne, kauften CDs und wollten Autogramme. Der Mann im Rollstuhl kam mitten durch die Menge auf mich zugerollt, schaute mich an und begann, mit seinem Kinn auf einem kleinen Computer zu tippen, den er vor sich an seinem Rollstuhl befestigt hatte. Mir wurde bewusst, dass er auch nicht sprechen konnte. Ich beugte mich vor, um die Zeilen zu lesen, die er eintippte. Dort stand: »Warum singst du nur traurige Songs? Sing doch auch mal etwas Fröhliches!«

Er hatte mich ertappt. Ich hatte eine Stimme, mit der ich sang und sprach, Hände, mit denen ich Gitarre spielte, doch meine Lieder waren traurig.

»Ich mag traurige Lieder«, sagte ich zu ihm. Er lächelte und tippte erneut auf seinem Computer: »Wenn ich deine

Hände und deine Stimme hätte, würde ich dankbar sein und fröhliche Lieder spielen.«

Ab diesem Tag begann ich, auch fröhliche Lieder in mein Programm aufzunehmen.

Marion,
mein Straßenengel

Ich war inzwischen in Leipzig angekommen. Es war Herbst, und der Winter stand vor der Tür. Noch immer hatte ich nicht alle Schulden bezahlt. Abgesehen davon, dass ich natürlich auch noch Geld brauchte, um mit meiner Familie den Winter zu überleben. Ich hatte Angst, in der Kälte nicht auf der Straße spielen zu können und in ein finanzielles Loch zu fallen. Ich machte mir Sorgen, wie genau ich es angehen sollte. In meinem Kopf drehte es sich, und ich war wie gelähmt. Ich versuchte, den Gedanken möglichst weit wegzuschieben. Bis jetzt war es noch warm genug. Als ich ein paar Stunden gespielt hatte, machte ich eine kleine Pause. Völlig unvorbereitet trat ein gut angezogener Geschäftsmann vor mich und legte ohne Begrüßung mit energischer Stimme los: »Bist du ein Spieler, oder wirst du gespielt?«

»He, wer bist du denn«, war meine perplexe Antwort.

»Ich bin Unternehmensberater.«

»Oh, super. Kannst du mir vielleicht ein paar Tipps geben, wie ich den Winter überstehen soll? Hast du schon mal Straßenmusiker beraten?«

»Wirst du gespielt, oder bist du ein Spieler?«, fragte er mich wieder und redete gleich darauf weiter: »Die meisten Menschen sind bankrott, weil sie auf persönlicher Ebene bankrott sind. Sie sind ausgebrannt, innerlich bankrott. Du bist Straßenmusiker, weil du unterbewusst der Überzeugung bist, dass du nicht mehr wert bist, nicht mehr

> **Ich hatte Angst, in der Kälte nicht auf der Straße spielen zu können und in ein finanzielles Loch zu fallen.**

verdient hast als das! Es ist eine Art Strafe, dein Selbstwert äußert sich in deinem Geschäft. Du bist selbst schuld an deiner Situation. Du hast dich vorher im Leben spielen lassen. Und nun lässt du dich von deinem schwachen Selbstbewusstsein spielen.«

Er hörte nicht auf. Ich wurde richtig wütend.

»Wie kannst du so etwas sagen? Du kennst mich doch gar nicht!«

»Ich sehe einen Exstar, einen Ex-millionär auf der Straße betteln.«

»Und das tut dir weh, sonst wärst du ja nicht so aggressiv zu mir!«, erwiderte ich.

Er aber lachte nur: »Hör mir mal gut zu. Ich sage es nur einmal: Es gibt zwei Sorten von Menschen auf dieser Welt. Die Spieler und die, die gespielt werden. Winner and Looser. Zu welcher Sorte willst du gehören? To be or not to be – das ist die Frage!«

Da hatte er einen Fehler gemacht. Shakespeare kannte ich wirklich sehr gut: »Jetzt hörst du mir mal zu, denn ich sage es dir auch nur einmal: Im gleichen Theaterstück sagt der Held des Stückes nicht nur: ›To be or not to be‹, sondern auch: ›But by all means be true to yourself – vor allem aber sei treu zu dir selbst!‹« Ich war wütend und in Fahrt gekommen. »Nun berate ich dich, Herr Geschäftsberater. Ich rate dir, Shakespeares Hamlet noch mal durchzulesen, falls du das überhaupt je getan hast, was ich bezweifle.«

»Klar habe ich ihn gelesen«, sagte er, »um es kurz zu fassen: Erfolg entsteht dort, wo jemand ins Handeln kommt. Nun sei wahr zu dir selbst.«

Ich wollte nicht weiter zuhören, griff zu meiner Gitarre und fing wieder an zu singen. Der Berater stand weiterhin vor mir und hörte zu – Song für Song. Er hoffte wohl, dass ich irgendwann wieder aufhörte und er weiterpredigen konnte. Zwischen zwei Liedern sagte ich kurz: »Jetzt kommt ein Song namens ›To sing or not to sing. That is the question!‹« Der Unternehmensberater fing an zu lachen, drehte sich um und ging weg, ohne mich weiter eines Blickes zu würdigen.

Während ich weitermusizierte, dachte ich darüber nach, was er mir gerade gesagt hatte. Ich fühlte mich innerlich bankrott. Vielleicht hatte er ja recht. Ich hatte einen kaputten Rücken, meine Knie schmerzten wie der Wahnsinn. Ich war ausgebrannt und wollte nicht so weitermachen. Und dazu immer diese innere Stimme: »Der Winter steht vor der Tür, Jimmy!« Ich hatte Angst. Ich brauchte eine kleine Pause, beendete meinen Song und setzte mich kurz auf einen kleinen Mauervorsprung, um meinen Rücken zu entlasten. Der Mann hatte mich auf den Boden der Tatsachen gebracht. Als ich so dasaß, bemerkte ich vor mir ein bekanntes Gesicht – Marion. Der Name war mir damals allerdings noch nicht wirklich bekannt. Eine Frau Mitte fünfzig stand mit ihrer Tochter auf der anderen

Seite der Straße und hörte mir zu. Ich wurde nervös, weil bekannte weibliche Gesichter meistens eines bedeuteten: ein fanatischer Kelly-Fan. Nach ein paar Minuten kam sie auf mich zu und gab mir ein Geschenk. Ich bedankte mich freundlich, wissend, dass ich es hinterher sowieso unausgepackt wegwerfen würde. In all den Erfolgsjahren der Neunziger hatte ich gelernt, keine Geschenke der Leute anzunehmen. Jeden Tag bekamen wir Tausende Geschenke, Briefe und Teddybären. Es war allein aus dem Grund gar nicht möglich, alles zu behalten. Irgendwann hatten wir Container über Container voll mit Geschenken der Fans. Der zweite Grund, die Geschenke nicht zu behalten, war der Sicherheitsaspekt. Uns war es nicht erlaubt, einen Brief zu öffnen, einen Kuchen oder Schokolade zu essen oder mit einem Teddybär zu kuscheln. Der Brief hätte eine Bombe sein können, der Kuchen vergiftet, und der Teddybär hätte … ähhhh, vielleicht beißen können? Nein, Spaß beiseite. Es gab strenge Regeln, was die Sicherheit anging, oft auch aus gutem Grund. Aber damit möchte ich euch nicht langweilen. Ich hatte mir angewöhnt, nett zu sein und das Geschenk erst mal anzunehmen. Später warf ich es weg. Manchmal allerdings schaute ich zumindest hinein, neugierig war ich ja. Nachdem ich das Geschenk von der Frau angenommen hatte, begann sie ein Gespräch.

»Hey Jimmy, wie geht es dir?«

»Danke, gut!«

»Als ich gehört habe, dass du hier spielst, musste ich vorbeikommen. Grüße von Marianne und dem Rest der Mädels!«

»Ah, danke schön«, lächelte ich und versuchte herauszufinden, wer sie überhaupt war, wer Marianne und die Mädels waren

und woher ich ihr Gesicht kannte. Sie schaute mich an.

»Ich bin doch Marion vom ältesten Kelly Fanclub Deutschlands!«

Jetzt wusste ich Bescheid. Jahrelang kam Marion mit dem Fanclub zu Konzerten der Kelly Family. Manchmal gewannen sie ein »Meet & Greet«, kamen kurz hinter die Bühne und konnten uns zehn Minuten Geschenke geben, Fotos machen und einen Kuss ergattern. Das war damals Teil meines Jobs. Die Bodyguards teilten den Fans mit, sich zu benehmen und keine privaten Fragen zu stellen. Dann kamen wir rein. Manchmal war es ein herzliches Treffen, aber oft vergaß ich schnell, wen ich eigentlich getroffen hatte. Bald würden die Bodyguards die Fans wieder nach draußen begleiten – the show must go on. Hier gab es aber keine Bodyguards. Ich stand auf der Straße und Marion genau vor mir. Ich fühlte mich unwohl. In meinem Kopf dachte ich: »Hysterische alte Frauen – wo ist mein Bodyguard, wenn ich ihn brauche?«

Ich fragte Marion, ob wir uns später unterhalten könnten, wenn ich meine Arbeit beendet hätte. Sie bejahte, und ich sang bis zum späten Abend. Marion stand unverdrossen vor mir und hörte zu, bis sie sagte: »Danke für deine Musik. Wir müssen jetzt gehen. Es sind noch zwei Stunden Fahrt bis nach Hause.« »Kein Problem«, antwortete ich, war ich doch froh, dass sie ging. Am nächsten Morgen war Marion aber wieder da, lächelte mich an, wünschte mir einen guten Morgen, gab mir ein weiteres Geschenk und hörte mir den ganzen Tag zu. Sie fragte nichts, ging mir nicht auf die Nerven. Sie stand nur da und lauschte meiner Musik. Am Abend kam sie kurz vorbei, bedankte sich erneut bei mir und fuhr nach Hause. Um neun Uhr des dritten Tages stand sie aufs Neue vor mir, gab mir ein Präsent und blieb, um mir zuzuhören. »Marion, du musst mir nicht jeden Tag etwas mitbringen«, sagte ich, »du kannst auch so gerne bleiben. Also versprich mir, dass du damit aufhörst.« Widerwillig stimmte sie zu.

Später fragte sie mich, ob sie mich zu einem Kaffee einladen dürfe. Ich verneinte, schließlich musste ich arbeiten, die Stunden reinkriegen. »Und außerdem trinke ich nur Tee«, erklärte ich ihr. Sie fragte mich nicht, warum ich auf der Straße spielte, sie stellte überhaupt keine Fragen. Sie hörte mir nur zu, den dritten Tag in Folge. Und wieder bedankte sie sich abends und ging. Am vierten Tag war Marion noch früher als ich am Löwenbrunnen, der mittlerweile zu meinem Stammplatz in Leipzig geworden war. Sie hatte eine Tasse Tee für mich gekauft. »Ich hoffe, du magst Pfefferminztee mit Honig«, sagte sie. Da ich durch die Arbeit in der letzten Zeit ziemlich heiser war, freute ich mich über das heiße Getränk. »Danke«, erwiderte ich, »ich glaube, heute ist der letzte Tag für mich. Ich bin etwas heiser und werde heute Abend nach Hause fahren. Ich vermisse meine Frau und die Kinder. Hast du außer deiner Tochter noch mehr Kinder?«

»Ja, ich habe sechs Kinder!«

»Wahnsinn«, entgegnete ich, »wo sind die denn jetzt? Bei deinem Mann?«

»Nein, mein Mann ist gestorben, als der Kleinste gerade ein Jahr alt war.«

»Oh, das tut mir leid. Ihr habt euch sicher sehr geliebt, wenn ihr sechs Kinder habt!«

»Ja, ich liebe ihn immer noch sehr. Aber nicht alle sechs Kinder waren von ihm, nur die letzten zwei. Die anderen vier waren aus erster Ehe. Ich habe schon mit achtzehn geheiratet. Wir hatten vier Kinder, aber mein Mann hat mich die ganze Zeit betrogen. Ich wollte es nicht wahrhaben, bis der Ehemann einer der Liebhaberinnen an meiner Tür klopfte, weil er die beiden zusammen erwischt hatte. Danach ging ich durch eine harte Trennung, schaffte es irgendwie, die Kinder bei mir zu behalten und mich um sie zu kümmern. Dann traf ich meinen zweiten Mann. Wir haben noch zwei Kinder bekommen und waren sehr glücklich miteinander. Er hat alle Kinder behandelt wie seine eigenen. Leider starb er nach nur ein paar gemeinsamen Jahren. Ich habe mich gefühlt, als hätte mir jemand den Boden unter den Füßen weggezogen. Ich fiel in ein schwarzes Loch. Ich lebte nicht mehr, ich funktionierte nur noch. Ich konnte nicht weinen und nicht essen, ich war wie eine Marionette.«

Ich war erstaunt von ihrer Offenheit. »Wie hast du denn weitergemacht?«

»Wenn ich die Kinder nicht gehabt hätte, dann weiß ich auch nicht, was aus mir geworden wäre. Aber eines ist gewiss: Solange es jemanden gibt, um den du dich kümmern musst, hast du die Kraft!«

Das konnte ich gut nachvollziehen. Wir unterhielten uns eine Weile, und ich stellte fest, dass ich Verständnis für ihre Situation hatte. Vielleicht hatte ich auf der Straße landen müssen, um das Leid und die Erfahrungen anderer besser wahrnehmen zu können. Vermutlich war ich auch innerlich bankrott und hatte ein geringes Selbstwertgefühl, so wie der Unternehmensberater es mir gepredigt hatte. Aber ich war damit nicht allein. Auch anderen

Vielleicht hatte ich auf der Straße landen müssen, um das Leid und die Erfahrungen anderer besser wahrnehmen zu können.

erging es so wie mir. Auf einmal war mir ganz klar: Der Winter kann kommen! Denn auch ich hatte jemanden, um den ich mich kümmern musste, und somit die Kraft auf meiner Seite!

Heute kommt Marion oftmals zur Straße, und ich freue mich, denn sie ist immer für mich da – wie ein Schutzengel. Muss ich mal zur Toilette, passt Marion auf meine Sachen auf. Und es tut gut, in ein bekanntes Gesicht zu schauen, wenn man in sein Publikum blickt. Egal, welche Hilfe ich gerade benötige, Marion ist da. Einmal strickte sie zwei Teddybären für meine Kinder. »Es ist kein Geschenk für dich, nur für die Mädchen, darf ich?« Ich nahm die Teddybären mit und schenkte sie Aimee und Máire, die die Kuscheltiere sofort ins Herz schlossen. Auf die Frage, von wem die Bären seien, antwortete ich: »Von einer außergewöhnlichen Frau, die nach außen ganz einfach ausschaut!« »Was bedeutet das«, fragte mich Máire. »Sie ist besonders«, antwortete ich, »so etwas wie eine Superfrau. Sie ist mein Straßenengel, eine Art Bodyguard der Straße.«

Der erste
Winter

Unaufhaltsam rückte der Winter näher. Meine Nervosität wuchs stetig, aber ich ließ mich nicht unterkriegen. Eigentlich waren die vier Adventswochenenden die beste Zeit überhaupt fürs Geschäft. Aber als Straßenmusiker hatte man auch gleich gegen mehrere größere Widrigkeiten anzukämpfen. Es war viel mehr los auf den Straßen, es gab weniger freie Fläche, auf der man spielen durfte. Die besten Plätze waren sowieso schon von den Weihnachtsbuden belegt. Das Tageslicht war schlechter, es war mehr Konkurrenz unterwegs, der Lärmpegel war größer und das Wetter tückisch. Leider war es ein bitterkalter Winter. Da war das Arbeiten auf der Straße doppelt hart. Die Hände froren ein, die Finger wurden stocksteif. Wie sollte man da Gitarre spielen? Schaffte man es irgendwie, die Finger in Bewegung zu setzen, dann schnitten die Saiten brutal ein. Aber das Allerschlimmste waren die kalten Füße. Froren die Füße, war auch der restliche Körper eiskalt. So viel Glühwein konnte keiner trinken, damit das innere Thermometer stieg. Ich hatte hin und her überlegt, wie ich mein Kälteproblem in den Griff kriegen könnte. Schließlich ging es nicht nur darum, dass ich während des Tages vernünftig musizieren konnte, sondern ich musste ebenso verhindern, dass ich mich richtig erkältete. Die Lösung sollte praktisch und wirkungsvoll sein, mir die nötige Bewegungsfreiheit bieten und mich vor Wind, Regen

und Kälte schützen. Eigentlich war das ein Ding der Unmöglichkeit. Ich überlegte, auf Vaters wirkungsvolles System zurückzugreifen. Als wir noch als Familie auf der Straße spielten, ließ er mal wieder seiner Logik und Fantasie freien Lauf. Seine Ideen waren ungewöhnlich und kostengünstig, aber durchaus nützlich.

Um uns selbst im tiefsten Winter warm zu halten, mussten wir zuallererst uralte Armeeunterwäsche anziehen. Die hatte er mal als Restposten in Amsterdam auf einem Markt gefunden. Für unsere Füße hatte er sich etwas ganz Besonderes ausgedacht: Wir bekamen Stiefel, die alle mindestens zwei Nummern zu groß

waren. Anschließend mussten wir Socken anziehen und über diese Socken dann Plastiktüten. Dann wieder Socken und wieder eine Plastiktüte. Wir hatten den ganzen Tag warme Füße. Genauer gesagt, qualmten uns die Füße, und wir konnten uns selbst nicht mehr riechen, wenn wir die Stiefel auszogen. Ich wagte das

Abenteuer erneut und stellte mich in die Fußgängerzone der Städte Frankfurt und Köln, aber irgendwie hielt mein Projekt nicht das, was ich mir erhofft hatte. Es musste eine Alternative her. Mein Schwiegervater, ein Motorradfan, gab mir den Tipp, es einmal mit einem Nierengurt zu versuchen. Der würde richtig warm halten. Doch auch dieser Versuch stellte mich noch nicht zufrieden. Ich dachte an die Erweiterung mei-

»Junge, wenn du es wirklich warm haben willst, kauf dir einen Neoprenanzug für Taucher!«

ner Motorradkluft und erzählte dem Verkäufer von meinem Problem. Der schickte mich mit den Worten wieder weg: »Junge, wenn du es wirklich warm haben willst, kauf dir einen Neoprenanzug für Taucher!« Das war die Lösung! Als ich während meiner Zeit in Irland Surfen lernte, hatte ich auch so ein Ding an. Egal, wie oft ich ins Wasser fiel, der Anzug hielt meinen Körper warm. So ein Neoprenanzug war wie eine zweite Haut. Ich kaufte mir einen Anzug mittlerer Dicke, sodass meine normalen Klamotten noch drüberpassten und ich nicht in

meinen Bewegungen eingeschränkt war. Und auf einmal war die Wintersaison für mich eröffnet. Die Handschuhe blieben in der Tasche, und in den Stiefeln taten es normale Socken. Trotzdem war mir warm, und ich kam sogar ins Schwitzen, während mein Publikum verfroren von einem Bein aufs andere trat. Die Zeit bis Weihnachten nutzte ich gnadenlos aus und verdiente gutes Geld. Immer wieder kamen verschiedene Straßenmusiker zu mir. Einige waren argwöhnisch, andere offen und freundlich. Alle stellten mir dieselbe neugierige Frage: »Mensch, wie machst du das bloß? Du stehst hier den ganzen Tag, warum frierst du dir nicht die Finger ab so wie wir?« Einigen erzählte ich von meinem kleinen Neoprentrick, anderen nicht. Auch meine Geschwister wollten wissen, wie ich die Kälte überstanden hatte. Mein Bruder Paul, der auch heute noch seine Frau und sieben Kinder von der Straßenmusik ernährt, rief mich eines Tages an und sagte: »Ich habe dich auf YouTube gesehen. Im Winter ohne Handschuhe, das ist doch schier unmöglich!« Natürlich schenkte ich ihm reinen Wein ein, und er knurrte halb wütend, halb anerkennend: »Mein Gott, warum bin ich die letzten zwanzig Jahre eigentlich nie darauf gekommen?«

Endlich schuldenfrei
Hurra!

Tatsächlich schaffte ich es, uns bis Ende des Jahres von allen Schulden zu befreien. Die vier Adventswochen vor Weihnachten waren tatsächlich die besten des Jahres. Alle Menschen suchten nach einem passenden Weihnachtsgeschenk, und an wem mussten sie vorbeilaufen? Richtig, an mir, dem Kelly. Es war extrem kalt in diesem Winter, aber da ich ja bekanntlich aus einer extremen Familie stamme und ein klares Ziel vor Augen hatte, gab es keine Ausrede. Ich wollte endlich schuldenfrei sein und dann ein paar Tage mit meiner Frau alleine verbringen, während ihre Eltern die beiden Kleinen nahmen.

Ich muss gestehen, dass die Straße im Winter dreimal härter ist. Nach einem langen Tag in der Kälte habe ich mich am Abend wie ein Extremsportler gefühlt. So musste mein Bruder Joey sich nach einem Marathon durch Sibirien fühlen. Als einmal jemand Joey fragte, warum er so viel unterwegs sei, antwortete er: »Ich möchte nie wieder auf der Straße arbeiten müssen!« Und wenn dir das ein Extremsportler sagt, nehme ich es als Kompliment. Gerade wir Älteren der Kelly Family haben die Härte der Straße erleben müssen, und es gibt bei uns in der Familie so etwas wie einen »Urrespekt« vor der Arbeit dort draußen. Auch ich habe eine Menge

Es gibt bei uns in der Familie so etwas wie einen »Urrespekt« vor der Arbeit dort draußen.

Respekt vor der Straße, weil sie unbesiegbar ist. Darum geht es zwar nicht unbedingt, aber vielleicht geht es darum, die Straße für sich zu gewinnen oder sich dort zu behaupten. Letztendlich geht es um das eigene Ich. Durch die Straße kann man viel lernen, unter anderem das »Menschwerden«. Manche nehmen diese Chance wahr, andere nicht. Einige Straßenkünstler werden mit der Zeit zu Einzelgängern oder ähnlich einem wilden Tier im Dschungel. Die Arbeit auf der Straße ist eine Gratwanderung der Psyche. Die eigentliche Herausforderung ist, zu wem du durch die Straße wirst. Für manche ist dieses Leben einfach zu viel,

Ich habe eine Menge Respekt vor der Straße, weil sie unbesiegbar ist.

ständig mit den Widrigkeiten der Straßen zurechtkommen zu müssen. Auch ich stoße oftmals an meine Grenzen. Meine Schulden los zu sein war die eine Sache. Doch mein noch größerer Gewinn war mein wachsendes Selbstbewusstsein, das ich mir hart erarbeitet habe. Und auch mein Selbstvertrauen wurde immer größer. Meine Frau und ich feierten diesen Erfolg mit viel Stolz und Respekt füreinander, unsere Beziehung war tiefer geworden. Solche Krisen können ein Paar entweder näher zusammenbringen oder voneinander entfernen. Wir zwei sind dadurch tatsächlich enger miteinander verschmolzen.

Durch die Straße kann man viel lernen, unter anderem das »Menschwerden«.

Ich **kaufe** ein Haus
oder wie ich ein **Spießer**
wurde

Ich hatte es mit harter Arbeit geschafft, gut von der Straße leben zu können. Es war nicht immer leicht, aber mit Disziplin und einem Plan war es schon möglich. Mal war es besser, mal war es schlechter, überleben konnten wir aber gut. Und falls die Frage aufkommt: Ja, ich bezahlte tatsächlich meine Steuern! Inzwischen hatten meine Frau und ich sogar ein Haus gekauft. Das wäre früher nicht möglich gewesen. Als ich vor ein paar Jahren zu meiner neuen Bank ging und nach einem Darlehen für das Objekt fragte, war der Banker überrascht. Wozu sollte ein Kelly einen Kredit brauchen? Schließlich seien wir doch alle Millionäre. Ich erzählte ihm von meiner wirklichen Situation, nämlich dass ich Straßenmusiker von Beruf war. Er schaute

mich skeptisch an. »Kann man davon leben?«, war seine zögerliche Frage.

»Klar, wenn man konsequent arbeitet, schon!«

Wie sagt man doch so schön: »Eine Bank ist ein Ort, an dem du Geld bekommen kannst, damit du ein Haus kaufen kannst. Aber nur, wenn du beweist, dass du das Geld eigentlich nicht brauchst.« So fühlte ich mich jetzt. Der Mitarbeiter fragte mich nach meinen Steuerbescheiden, allen möglichen Papieren und Sicherheiten. Ich besorgte die nötigen Unterlagen, und er machte sich über mein Wunschdomizil schlau. Es war ein schönes Gebäude, top erhalten durch seinen Vorbesitzer. Mit einem großen Garten, einer Garage und sogar einem Außenpool. Er beriet sich mit seinen Kollegen,

und schon war ich Besitzer eines eigenen Hauses. Endlich hatten wir als Familie einen Platz gefunden, den wir unser Zuhause nennen konnten. Wir waren im bürgerlichen Leben angekommen. Die Nachbarn waren wunderbar. Im Ort gab es eine kleine Schule für die Kinder, eine kleine Bank, einen Supermarkt, und jedes Haus hatte einen super gepflegten Garten. Die Nachbarn sind noch immer wunderbar, außer dass sie mich immer daran erinnern, dass auch ich meinen Rasen regelmäßig mähen muss. Doch in Wahrheit macht es Meike. Im Nachbardorf gab es außerdem einen wunderbaren Psychologen, den ich bis heute noch aufsuche.

Noch ein paar Jahre und wir haben unser Haus abbezahlt. Nie hätten wir uns erträumt, dass ein eigenes Haus einmal Realität werden würde. Und doch hatte

Ich habe es geschafft – mit meinen eigenen Händen und meiner Stimme.

ich es geschafft – mit meinen eigenen Händen und meiner Stimme. Und dank der Arbeit und Liebe meiner Frau.

Armut in Deutschland hat
viele Gesichter

Viele Menschen fragen mich, ob ich auf der Straße auch viel Armut sehe und erlebe. Das kann ich mit einem klaren Ja beantworten. Tagtäglich treffe ich viele arme Leute – Männer, Frauen, Kinder. Es ist traurig, zu sehen, dass gerade viele alte Menschen für ihr täglich Brot betteln müssen. In den größeren Städten gibt es

Deutschland ist ein Land, in dem Armut nicht unbedingt sichtbar ist.

die »Tafel«. Dort können bedürftige und einkommensschwache Menschen essen oder sich Lebensmittel abholen. Es gibt viele, die nicht unbedingt ärmlich aussehen, weil sie gut angezogen sind. Deutschland ist ein Land, in dem Armut nicht unbedingt sichtbar ist. Gerade die alte Generation leidet im Stillen. Wie oft kamen schon ältere Menschen zu mir und sagten: »Danke schön für Ihre Musik. Gerne würde ich eine CD mitnehmen, aber dazu fehlt mir leider das Geld.«

Gerade neulich kam eine gut gekleidete Dame zu mir und fragte: »Sie sind nicht von hier, oder?« Ich verneinte.

»Sagen Sie, Sie haben nicht zufällig etwas Kleingeld für mich übrig?«

Ich gab ihr ein wenig Geld, das ich in der Tasche hatte. Hättet ihr diese Frau nur gesehen. Niemand hätte vermutet, dass sie hilfsbedürftig ist. Es ist unglaublich, wie viele Menschen in Deutschland am Rande des Existenzminimums leben. Armut findet hier im Verborgenen statt. Vielleicht spielt Scham eine große Rolle, gerade weil Deutschland sich in den letzten vierzig Jahren zu einem solch starken Land entwickelt hat. Es wird zu einem Identitätsproblem, wenn so ein starkes Land zugeben muss, dass Milliardensummen an andere Länder gehen und Menschen aus dem eigenen Volk leiden müssen. Es ist wohl die deutsche Erziehung, keine Schwäche zu zeigen.

Ein anderes Mal fragte mich eine ältere, sehr gepflegt wirkende Frau nach ein paar Euros. Auch sie blieb bei mir stehen, und wir kamen ins Gespräch. Sie erzählte, dass sie ein Leben lang für den Wiederaufbau gearbeitet hatte. Als kleines Mädchen half sie den Trümmerfrauen, später heiratete sie, bekam Kinder und führte ein finanziell solides Leben. Doch als ihr Mann starb, änderte sich vieles für sie. Sie hatte eine kleine Wohnung, ihre Rente reichte nicht aus, um sich vernünftig zu versorgen. »Und die Versicherungsfirmen sind auch nur Betrüger«, sagte sie. »Deutschland gibt mehr Geld für die Flüchtlingshilfe aus als für Menschen, die im eigenen Land in Not sind!« Nun stehe sie hier und bitte die vorübergehenden Passanten um Geld. Anfangs habe sie sich geschämt, aber nun hatte sie sich mit der Realität arrangiert und stand dazu, verriet sie mir. Ich fragte sie nach ihren Kindern. »Die älteste Tochter ist tot, und mein Sohn hat selbst genug Probleme. Er ist verheiratet und hat Kinder, aber mit meiner Schwiegertochter verstehe ich mich nicht. Ich erzähle meinem Sohn nicht, dass ich hier draußen um Geld bitte, denn ich möchte ihm nicht zur Last fallen.« Geschichten wie diese sind für mich keine Seltenheit. Viele Menschen

Viele Menschen leben am Limit ihrer Möglichkeiten und versuchen trotzdem, in Würde damit umzugehen.

leben am Limit ihrer Möglichkeiten und versuchen trotzdem, in Würde damit umzugehen.

Wann immer ich in Leipzig bin, entdecke ich viele Straßenkinder um mich herum, die mit ihren Hunden unterwegs sind und nach Geld fragen, während ich spiele. Einige von ihnen kenne ich

mittlerweile besser, und wir sind Freunde geworden. Oft sagen sie zu mir: »Hey, du solltest mal etwas für Tante E spielen!« Tante E ist eine tolle Frau, die sich in Leipzig für Straßenkinder einsetzt. Sie macht einen großartigen Job und arbeitet wie ein Tier, um den Kindern der Straße zu helfen und ihnen ein besseres Leben zu verschaffen. In ihrem kleinen Haus bietet sie über achtzig Kindern und Jugendlichen Schlafplätze, Duschen, Verpflegung und frische Kleidung an. Vor einiger Zeit hat sie einen Verein gegründet. Weil sie sich vor Arbeit kaum retten kann, wird sie von vielen Freiwilligen tatkräftig unterstützt. Sie ist keine ausgebildete Sozialarbeiterin, sondern eine Frau Mitte siebzig, die aus reiner Nächsten-

liebe für andere da ist. Früher war Tante E Straßenbahnführerin, gab aber ihren Job auf und arbeitet seitdem für die Sozialschwachen Leipzigs. Einmal fragte ich sie, ob sie von der Stadt Hilfe bei ihrer Arbeit bekäme. Sie verneinte. »Niemand hier möchte zugeben, dass wir ein Problem haben, dass es in dieser Stadt wirklich Straßenkinder gibt. Und man möchte nicht mit dem Begriff ›Armut‹ identifiziert werden. Es wäre einfach nicht gut für Leipzigs Image.«

In Köln auf der Domplatte gibt eine Frau namens Jutta jeden zweiten Freitag Hunderten von Bedürftigen Suppe oder anderes Essen aus. Und das seit Jahren. Freitags gegen dreizehn Uhr kommen viele alte Menschen zu ihr, um an diesem

Tag ihre einzige warme Mahlzeit zu erhalten. Als ich »Juttas Suppenküche« zum ersten Mal sah, war ich fassungslos. Es sah ein wenig aus wie eine Szene aus dem Zweiten Weltkrieg. Hunderte warteten da auf ihr Essen und freuten sich über einen kleinen Plausch. Menschen wie Jutta sieht man nicht im Fernsehen, aber es gibt sie. Unheimlich viele davon gibt es. Sie nehmen die Probleme selbst in die Hand. Natürlich gibt es auch Organisationen wie die »Tafel« und ähnliche Einrichtungen, die ein großes Hilfsangebot bereitstellen. Dies zeigt uns doch ziemlich deutlich, dass Armut durchaus ein Problem in Deutschland ist.

Zwar bin ich kein Experte auf diesem Gebiet, schließlich singe ich ja »nur« auf der Straße, aber dadurch bekomme ich einen guten Einblick in das Land und seine Bewohner. Über all die Jahre ist mir aufgefallen, dass die wohl größte Armut auf der seelischen Ebene herrscht. Eines Tages kam eine schon reifere Frau auf mich zu und sagte: »Herr Kelly, ich bin Prostituierte und stehe da vorn an der Ecke. Dort warte ich auf meine Kundschaft.« Dann deutete sie mit der Hand auf die oberen Etagen eines Hauses: »Dort ist mein Zimmer. Ich höre Ihre Lieder den ganzen Tag und stelle fest, dass wir beide einen ähnlichen Beruf ausüben!« Natürlich war ich zuerst einmal erstaunt über ihren Vergleich unserer Arbeit. »Es tut mir leid«, sagte ich höflich, »aber ich verkaufe keinen Sex.«

Sie erwiderte freundlich: »Sex ist das Wenigste, was ich in meinem Alter zu bieten habe, junger Mann! Ein Teil meiner Kunden sind Männer, die nur kuscheln oder reden möchten. Ich nehme sie in den Arm und höre ihnen zu, ich lindere ihr Leid. Und in diesem Bereich ähneln wir uns, Herr Kelly. Musik lindert ebenso das Leid. Wir zwei sind Seelenheiler. Sex ist meistens nur Nebensache. Viele Männer kommen zu mir, weil sie mit ihren Frauen nicht mehr reden können. Oder junge Männer, die von ihren Müttern nie in den Arm genommen wurden. Manche haben einfach keine Freunde. Ja, auch Reiche können arm sein – seelisch. Diese Menschen bezahlen für etwas ganz anderes. Wir sind für sie wie Ärzte, bieten eben eine andere Art von Medizin. Es gibt mehr Menschen, die nach Zuwendung hungern als nach Nahrung.«

Ich habe mich bei der Frau bedankt und mich dafür entschuldigt, dass ich anfänglich so abweisend reagiert habe. Über das Gespräch dachte ich noch lange nach. Und wie es manchmal im Leben ist, zählte ich einige Tage später mein Einkommen dieses Tages und fand einen Zettel mit einem Spruch von Mutter Teresa, den mir jemand in meinen Gitarrenkoffer geworfen hatte: »Einsamkeit und das Gefühl, ungewollt zu sein, sind die schlimmste Art von Armut.« Also, auf die Frage, ob es Armut in Deutschland gibt, sage ich: Ja, die gibt es! Aber vor allem ist es seelische Armut.

Famous people fail
Auch berühmte Leute scheitern

Manchmal werfen Menschen aus dem Publikum Postkarten mit Sprüchen in meinen Gitarrenkoffer. Meistens sind es Zitate, Witze oder kleine Verse aus der Bibel. Manchmal ist es am Ende des Tages sehr erfrischend, wenn man erschöpft seine Einnahmen zählt und solche Dinge liest. Eines Tages fand ich einen Zettel, auf dem folgende Sprüche standen, die mich bis heute mehr als erstaunen. Entweder hatte sich jemand einen Witz erlauben wollen, oder derjenige wollte mir bewusst Mut machen nach dem Motto »Jimmy, du bist nicht der Einzige!«.

VAN GOGH malte in seinem Leben mehr als neunhundert Gemälde. Davon verkaufte er nur eines. Er starb arm.

WALT DISNEY wurde von seiner Schülerzeitung gefeuert, weil er keine Ideen und eine schlechte Vorstellungskraft hatte.

OPRAH WINFREY wurde gekündigt, weil sie bei ihrem ersten Job als TV-Moderatorin zu emotional moderierte und zu sehr von der Story mitgerissen wurde.

Das Manuskript von **STEPHEN KINGS** Buch »Carrie«, sein bisher meistverkauftes, ist am Anfang über dreißig Mal abgelehnt worden. Er selbst warf es danach in den Müll. Seine Frau fand es, holte es wieder heraus und schickte es an weitere Verlage. Es wurde ein Bestseller.

STEPHEN SPIELBERG wurde drei Mal an der Filmschule abgelehnt. Erst im Jahr 2002 schaffte er sein Diplom.

EMILY DICKINSON, die bekannteste Dichterin der englischen Sprache, schrieb insgesamt über tausendachthundert Gedichte. Doch nur zwölf wurden zu ihren Lebzeiten veröffentlicht. Sie starb unbekannt.

BABE RUTH, die Legende des Baseballs, schaffte in seinem Leben siebenhundertvierzehn Homeruns, aber tausenddreihunderteinunddreißig Strikeouts.

Die Gemälde des **CLAUDE MONET** wurden lange nur belächelt und vom Pariser Salon abgelehnt.

Nach seinem ersten Auftritt in der Grand Ole Opry bekam **ELVIS PRESLEY** vom Veranstalter zu hören, dass er keine Gesangskarriere vor sich hätte. Man sagte ihm, er solle besser wieder LKW-Fahrer werden.

FRED ASTAIRE wurde nach einem Casting folgendermaßen beurteilt: Kann nicht schauspielern, kann nicht singen, kann ein bisschen tanzen.

RUDYARD KIPLING, einer der genialsten englischen Dichter und Erfinder des »Dschungelbuchs«, wurde vom *San Francisco Examiner* mit den Worten gefeuert: »Sorry, Mr. Kipling, Sie können leider nicht mit der englischen Sprache umgehen.«

»Jimmy, du bist nicht der Einzige!«

The **Street Orchestra**
Eine Band wird geboren

Eines Tages, als ich gerade wieder einmal in Aachen auf meinem Stammplatz zwischen den beiden Kirchen spielte, kam eine Frau Mitte dreißig auf mich zu, die Violine in ihrer Hand: »Hey, wer bist du? Und was glaubst du, was du hier machst? Hier ist unser Platz!« Sie zeigte hinter sich auf einen Mann mit Gitarrenkoffer. »Hast du überhaupt eine Genehmigung? Wir haben nämlich eine!«

Jetzt mischte sich auch ihr Kollege ein: »Ja, wie lange willst du noch spielen?«

»Ich denke, ich werde hier spielen, bis es anfängt zu regnen.« Und zeigte mit einer Geste gen Himmel, der dicht mit Wolken verhangen war.

Die junge Frau wurde nervös. »Ich glaube nicht, dass du so lange spielen wirst, weil wir jetzt dran sind. Und warum hast du überhaupt eine Anlage dabei, das ist gar nicht erlaubt! Wir spielen hier

jeden Samstag und Dienstag, und die Genehmigungen sind limitiert!«

»Okay, okay, ich singe noch einen Song, und ihr könnt euren Platz haben!«

Es wurde mir zu bunt. Ich hatte keine Lust, mich weiterzustreiten, und wollte dann eben an einem anderen Ort singen. Nachdem ich meinen letzten Song beendet hatte, kam die Violinistin wieder auf mich zu, dieses Mal etwas freundlicher.

»Wahnsinn, du hast eine tolle Stimme, wo kommst du denn her?«

»Danke«, gab ich zur Antwort, »aber spielt ihr doch jetzt, der Platz gehört nun euch!«

Also begannen die beiden zu musizieren. Der Gitarrist hatte einen guten Rhythmus, und sie spielte so unglaublich ihre Violine, dass ich es nur als einen »Folk-Punk-Zigeuner«-Stil beschreiben könnte. Ich war völlig von ihrem Spiel hingerissen. Es war einfach fantastisch. Nach dem Song ging ich auf die beiden zu und erfragte ihre Namen. »Ich bin Bärbel, und das ist Philip.« Sie war Deutsche, aber ich hätte schwören können, dass in ihren Adern eher irisches Blut floss. Das war Straßenmusik, wie sie sich gehörte. Voller Leben und Gefühl. Ihr Musikerkollege Philip war Niederländer. Nach einem kurzen Gespräch tauschten wir unsere Telefonnummern aus, ebenso unsere CDs. Ihr Album habe ich danach tagelang gehört. Hier kam mir die Idee: Warum nicht eine Band gründen, die aus Straßenmusikern besteht? Da ich früher jahrelang für die Kelly Family die Konzerte organisiert hatte, wusste ich, wie man eine Tournee plant. Deshalb rief ich schon kurz nach unserem ersten Treffen die beiden an und fragte, ob sie nicht Lust hätten, mich auf meiner geplanten Tournee zu begleiten. Bärbel konnte es kaum glauben.

»Was? Eine richtige Tour? Wie Profimusiker? Du meinst in Hallen und Opernhäusern?«

»Na ja, im besten Fall kleine Kunsttheater oder irische Pubs, vielleicht auch ein paar Altenheime. Die Opernhäuser werden wohl noch warten müssen, wir werden ganz unten anfangen. Aber es wird professionell ablaufen mit Eintritt und Gage. Und wir schlafen in Pensionen, nicht im Auto.«

Bärbel und Philip sagten sofort zu und fragten: »Brauchst du nicht vielleicht auch einen Kontrabassisten?«

»Warum nicht, klar, gerne.«

Und schon waren wir eine Band. Philip an Gitarre und Banjo, Bärbel an der Geige und Viola, Jan am Kontrabass, ich verantwortete Gitarre und Gesang und last, but not least meine Frau Meike mit Akkordeon, Mandoline und ebenfalls Gesang. Ja, meine Frau ist auch Musikerin. Als Teenager spielte sie schon in einer Band namens da capo. Die sechs jungen Musiker coverten damals ihre großen Idole wie The Beatles, The Mamas and The Papas oder R.E.M. Teilweise spielten sie auch eigene Kompositionen. Manchmal begleitete meine Frau mich auch auf die Straße und sang mit mir. Nicht immer, da wir ja noch kleine Kinder hatten, aber ab und zu kam sie mit. Meine Schwiegereltern nahmen dann meist unsere Kinder zu sich. Mit meiner Frau Musik zu machen ist auch eine Bereicherung unserer Ehe. Es verbindet fast so wie ein gemeinsames Hobby. Meine Frau hört eigentlich mehr Musik als ich, kennt mehr Künstler. Fast ständig läuft bei uns daheim eine CD im Hintergrund. Wahrscheinlich ein Überbleibsel ihrer jahrelangen Arbeit bei VH-1 und MTV in Hamburg. Jeden Tag Musik, von morgens bis abends. Das könnte ich nicht. Ich mag Musik, aber nicht tagein, tagaus.

Aber nun zurück zur Band. Nun stand uns also eine Tournee bevor. Durch ganz Deutschland sollte sie uns führen. Die Planung wurde von Conny Günther und

Antje Rietig durchgeführt. Zwei Frauen, die früher auf unzähligen Konzerten der Kelly Family gewesen waren. Ich traf sie Jahre später, nachdem ich Straßenmusiker wurde. Sie arbeiteten bei einem Konzertveranstalter, der sie nicht bezahlte. Es war der gleiche, der auch mich nicht bezahlt hatte. Dort sammelten sie

Erfahrungen, wie man eine Tour bucht, welche Arbeiten wann und wie anfallen. Ich bot ihnen einen bezahlten Job an. Sie sollten für mich eine Tour durch Deutschland in kleineren Clubs und ähnlichen Veranstaltungsräumen buchen, das finanzielle Risiko würde ich tragen. Sie sagten zu und veranstalteten zwanzig

Busfahrer, das Management, der Veranstalter. Wir erstellten eine Webseite, und schon sah alles professioneller aus. Wir machten eine Fotosession, damit die Leute sahen, wer wir waren. Wir erstellten Flugblätter und Poster. Um die Konzerte besser zu promoten, ging ich wieder auf die Straße. Dort verteilte ich die Flugblätter und verkaufte die Tickets teilweise direkt an mein Publikum, während ich sang. Conny rief die lokalen Zeitungen an, um ihnen zu erzählen, dass ich in der Stadt war und in der Fußgängerzone sang. Manchmal kam auch ein Reporter, und dann gab es eventuell einen kleinen Artikel, um das Konzert anzukündigen. In den Regionen, in denen ich häufiger auf der Straße sang, lief es besonders gut. Die Leute kamen durch meine Straßenwerbung zu den Konzerten, und wir erreichten einen Durchschnitt von circa hundertzwanzig Konzertbesuchern. Das war genug, um alle laufenden Kosten zu decken.

Am Anfang machten wir eine Menge Fehler. Obwohl ich doch jahrelang mit der Kelly Family auf Tour gewesen war, hatte ich scheinbar vieles vergessen, was zu einer erfolgreichen Planung dazugehörte. Conny war zwar noch recht unerfahren, aber ihr guter Wille überzeugte mich immer wieder. Ein Mensch muss nicht alles können, aber lernwillig sollte er sein. Und so wurde es für uns beide eine echte »Learning by doing«-Schule. Unserer Tournee gaben wir den Namen

Konzerte für mich. Wir nahmen alles mit, was ging: Irish Pubs, Kirchen, Cafés oder Kleinkunsttheater.

Die meisten dieser Venues bekommt man für dreißig Prozent des Eintrittspreises. Die restlichen Kosten wie Band, Fahrer, Hotel sind immer das eigene Risiko. Wir waren alles in einem: Band, Crew,

My Hometown. Das war ein Verweis auf die Musikrichtung unserer Songs, die sehr folklastig waren. Mit diesem Musikstil war ich aufgewachsen. Hier fühlte ich mich zu Hause. Am Ende der Tour gingen wir für zwei Tage ins Studio und nahmen eine Platte auf. Ich rief dafür einen alten Freund an. Klaus Genuit, der ein Studio in Bonn hat. Ich kannte ihn noch aus den alten Zeiten. Ich fragte ihn, ob man mit zweitausend Euro eine CD aufnehmen könne, mehr hatte ich nicht. »Wenn du es in zwei Tagen schaffst, dann ja«, lautete sein Angebot. Also musste es so funktionieren. Wir bauten auf, Klaus gab uns die besten Mikrofone, wir setzten uns alle im Kreis zusammen, sodass wir uns sehen konnten, und spielten die Songs live ein. Wir sangen und spielten so, als ob wir auf der Straße wären. Wir hatten nicht viel Zeit, also ließen wir einige Fehler in den Aufnahmen drin. So manche Timingprobleme sind sehr deutlich auf den Aufnahmen zu hören. Trotzdem war es ein gelungenes Werk. Wir tauften es »The Hometown Sessions«.

Conny und meine Frau übernahmen das Artwork, also die optische Gestaltung, der CD. Thomas Stachelhaus, ein befreundeter Fotograf, der mich schon von Kindesbeinen an kennt, machte die Fotos. Zusätzlich drehten wir eine kleine DVD als Bonus. Ein guter Freund meiner Frau namens Sören Haag hatte gerade ein kleines Label eröffnet und fragte an, ob er nicht meine neue CD rausbringen könne, und schon waren wir bei Saturn oder Amazon zu kaufen. Das war aufregend. Allerdings waren wir alle weiterhin Straßenmusiker. Ich hatte Frau und Kinder, die ich ernähren musste, und mit der Tour hatten wir keinen großen finanziellen Gewinn erzielt.

Der Sommer rückte näher und damit auch eine neue Saison auf der Straße. Doch die Tour hatte uns allen so viel Freude bereitet, dass wir uns entschlossen, weiterzumachen. Conny plante die Tour dieses Mal schon sechs Monate früher, sodass wir besser vorbereitet waren. In der Vorbereitung liegt das Geheimnis des Erfolgs, also nahmen wir diese Chance wahr. Ich ging zurück zur Straße, Conny zurück zu ihrem Computer, den Mails und ihrem Telefon. Sie musste oft tagelang am Computer recherchieren, um gute Auftrittsmöglichkeiten ausfindig zu machen. Sobald die Venues für unsere neue Tour gebucht waren, ging es für mich wieder raus in die entsprechenden Fußgängerzonen. Manchmal bespielte ich die komplette Region der geplanten Tour, das war dann die beste Promotion überhaupt. Dadurch konnte ich den direkten Zugang zum Publikum gewinnen. Ticketkäufe waren natürlich auch weiterhin bei mir direkt möglich. Es

> **Ich hatte das Gefühl, vielleicht einen guten Weg für mich gefunden zu haben. So etwas wie einen passenden Schuh, einen Musikstil und die dazugehörigen Musiker, eine musikalische Heimat.**

stellte sich heraus, dass unser kleiner, aber feiner Plan aufging. Unser Publikum wuchs stetig, unsere CD »The Hometown Sessions« fand regen Anklang, und die Zuhörer waren begeistert. Ich hatte das Gefühl, vielleicht einen guten Weg für mich gefunden zu haben. So etwas wie einen passenden Schuh, einen Musikstil und die dazugehörigen Musiker, eine musikalische Heimat. Es war wie eine Art »Adoptiv-Kelly-Family«, eine Band aus »Heiligen« und »Gaunern« – Streetkids eben.

Dieter Bohlen sein für einen Tag

Eines Tages rief mich meine Schwester Maite an, die gerade bei der RTL-Show »Let's dance ...« riesige Erfolge feierte. Sie fragte mich, ob ich statt ihr in einer Castingshow mitmachen würde. Ich habe zugesagt.

Nun war es so weit, ich beging die Sünde aller Sünden eines stolzen und erfolgreichen Straßenmusikers. Ich war offiziell bei einer Castingshow für Straßenmusiker. Allerdings saß ich in der Jury, denn ich war in meinem tiefsten Inneren tatsächlich zu feige, mit den anderen Musikern zu konkurrieren. Das erzählte ich natürlich keinem. Also wurde ich als Special Guest in die Show »daheim & unterwegs« vom WDR eingeladen. Ich wurde dort sehr gut behandelt. »Herr Kelly, es ist mir eine Ehre, Sie bei uns zu haben«, begrüßte mich der Regisseur.

Ein Assistent fragte, ob ich gerne ein Getränk hätte, er zeigte mir die Garderobe und einen Tisch mit allem, was das Herz – und der Bauch – begehrte: Belegte Brötchen, Kuchen, Kaffee, Tee, es war alles vorhanden. Er brachte mich zur Maske, ich wurde hübsch gemacht. Sie behandelten mich wie einen Star, und für einen Moment fühlte es sich gut an. Ich erinnerte mich an früher, es fehlte nur noch die Massage. »Wenn die wüssten, dass ich eigentlich ein Straßenmusiker bin«, dachte ich mir. Was hatte meine Schwester Maite denen erzählt? Dass ich die Straße nur als Hobby mache?

Es gibt einen Song von David Bowie. Der Text geht wie folgt: »We could be heroes for just one day!« Innerlich sang ich: »I could be Dieter but just for one day!« Damit meinte ich natürlich Dieter

Bohlen, in Anlehnung an die erfolgreiche RTL-Castingshow »Deutschland sucht den Superstar«.

Ich war übrigens nicht der Einzige, der die Straßenmusiker beurteilen sollte. Mit mir saßen noch Peter von der Kölschen Band Brings und Antje Molz mit in der Jury. Antje ist die Veranstalterin des größten deutschen Straßenfestivals Stramu aus Würzburg, das schon immer eines meiner Lieblingsstraßenfestivals war. Nachdem Antje, Peter und ich uns ausgiebig über Musik ausgetauscht hatten, lud Antje mich nach Würzburg ein. Ein Jahr später nahm ich tatsächlich das erste Mal am Stramu teil.

Doch zurück zur Castingshow. Die ersten Stunden verbrachten wir als Jury damit, Videos und Bewerbungen einzelner Künstler anzuschauen. Aus circa hundert Einsendungen mussten wir eine Auswahl von rund dreißig Acts treffen. Diese engere Wahl wurde danach an die

Aus circa hundert Einsendungen mussten wir eine Auswahl von rund dreißig Acts treffen.

Redaktion weitergegeben, worauf diese dann zwanzig Straßenmusiker in die Show eingeladen hat. Zwanzig Tage lang

wurde täglich ein Künstler in der Sendung vorgestellt. Aus diesen zwanzig Künstlern musste das Publikum nun einen Gewinner küren, indem es anrief, eine SMS schickte oder im Internet abstimmte. Wir als Jury hatten nun keinen weiteren Einfluss auf die Bewertung. Es sprach sich bei den Straßenmusikern schnell herum, dass ich in der Jury saß, und einige fragten, ob ich nicht etwas nachhelfen könne, damit sie in die Show kämen. Ich tat mein Bestes. Ich freute mich, gute Bekannte und Freunde wie

Mark Gillespie und Arne Schmitt mit seinem Grand Piano beim WDR wiederzusehen. Es machte Spaß, zu sehen, dass wir Musiker der Straße endlich etwas Aufmerksamkeit von der Öffentlichkeit bekamen.

Der Tag der Preisvergabe war gekommen. Mark Gillespie war mit seiner tollen Stimme an der Spitze, und irgendwie war ich mir sicher, dass er es schaffen würde. Doch es kam ganz anders. Die Gewinnerin des Rennens wurde Silke Büscherhoff, eine junge Frau am

Marimbaphon, mit kurzen Haaren und einem süßen Gesicht. Sie räumte den Preis als beste Straßenmusikerin Nordrhein-Westfalens ab.

Ich durfte den Preis an eine strahlende Siegerin übergeben, und sie spielte nochmals ihren Gewinnersong »Zirkus Renz«, einen richtigen Straßenschlager. Währenddessen gab ich Mark zu verstehen, dass ich wirklich keinerlei Einfluss auf die Entscheidung gehabt hätte. Etwas unangenehm war mir die Situation nämlich schon. Er lachte und meinte: »Ach, diese Sendung ist doch eh für ältere Damen, gegen ›Zirkus Renz‹ habe ich da keine Chance!« Silke spielte diesen Song wirklich so gut, dass man eines merkte: Sie spielte ihn mindestens dreißig Mal am Tag, wenn sie unterwegs war. Sie hätte das Lied auch mitten aus dem Schlaf gerissen oder blind gekonnt. Ich fand es wunderbar. Sie war nicht besser als Mark, nur anders. Mit der Musik ist es wie mit der Nahrung. Man kann nicht Äpfel und Birnen miteinander vergleichen. Und doch sind beide gesund und nahrhaft.

Nach der Show kam ich mit Silke ins Gespräch, und wir tauschten Erfahrungen über die Straße aus: Wo kann man gut spielen? In welcher Stadt gibt es besonders viele Probleme mit dem Ordnungsamt? Sie erzählte mir, dass sie noch zur Uni ging und ihre Straßenmusik dazu beigetragen hatte, ihr Studium zu finanzieren. Später würde sie Musiklehrerin werden wollen. Sie studierte unter

Silke Büscherhoff räumte den Preis als beste Straßenmusikerin Nordrhein-Westfalens ab.

anderem Schlagzeug. Da machte es bei mir klick. »Mensch, Jimmy, wie wäre es mit einer Drummerin in der Band? Das gäbe sicherlich einen guten Druck in den Songs.« Erst traute ich mich kaum zu fragen, doch als die nächste Tour bevorstand, rief ich sie an und machte ihr das Angebot, als Drummerin einzusteigen. Sie sagte zu. »Meine Damen und Herren, darf ich vorstellen: am Marimbaphon, an den Drums und Percussions … die beste Straßenmusikerin Nordrhein-Westfalens … Silke Büscherhoooooff.«

Die **Band**
wächst!

Mittlerweile war die Band Stück für Stück gewachsen. Mal fiel der ein oder andere weg, aber es kamen dann auch immer wieder neue Musiker hinzu. Es waren ein paar Jahre seit der ersten Tour vergangen, wir wurden professioneller, und unsere Arbeitsweise wurde ausgefeilter. Conny war derweil ein alter Hase in der Szene der Kleinkunsttheater, und das Publikum wuchs mit der Band. Jahr für Jahr kamen immer ein wenig mehr Menschen zu unseren Konzerten. Das machte es uns auch möglich, dass wir sogar einen Tourbus mit Fahrer mieten konnten mit allem Drum und Dran wie Minibar, TV, Dusche und achtzehn Betten mit tollen extradicken Matratzen. Das machte unsere Reisen so viel angenehmer, und wir kamen ausgeruhter an unserem Ziel an. Manchmal brauchten wir alle Betten, da wir auch noch Freunde mit an Bord nahmen. Die Band allein bestand schon aus neun Mitgliedern. Dazu kam eine Crew von drei bis vier Leuten, die aber nicht mit auf der Bühne stand. Ja, sogar eine Crew hatten wir! Und eine Soundfrau: Britta Kühlmann. Früher war sie mit der Kelly Family und H Bloxx unterwegs, jetzt tourte sie mit uns. Sie war wie ein freier Vogel, sang wie ich auf der Straße, lebte mit zwei Hunden in einem Wohnmobil und reiste durch die Welt – ich beneidete sie. Ahoi, Britta! Wann immer ich an sie denke, schießt mir folgender Spruch durch den Kopf: »Es gibt auch ein Leben vor dem Tod!«

Mit unterwegs war auch mein Cousin Mike Kelly gemeinsam mit seiner Frau Emily. Vor ein paar Jahren zog er für ein paar Wochen quer durch Amerika und sang auf den Straßen. Wir nahmen immer häufiger Kontakt auf und unterhielten uns immer wieder über Skype. In diesen Gesprächen erzählte er mir

auch, dass Straßenmusik in Amerika eher schwierig wäre. Es gäbe nur wenige Städte, wo es erlaubt wäre, und da wollten natürlich auch alle hin. Ich fragte ihn, ob er nicht Lust hätte, nach Europa zu kommen und mich als Gitarrist und am Banjo auf der Tour zu begleiten. Er sagte zu – und nahm seine Frau gleich mit. Emily brachte sich direkt in unser Team ein. Sie ist Künstlerin und Fotografin. Sie machte sich daran, Bühnenbanner zu designen, machte Fotos und Videos und kümmerte sich gemeinsam mit Conny um die Merchandise-Produkte. Die beiden waren eine große Bereicherung für das Street

Orchestra. Die Amerikaner sind immer gut drauf, davon könnten wir ernsten Europäer uns manchmal gerne ein Stück abschneiden.

Durch meine Geigerin Bärbel lernte ich eines Tages den Kontrabassisten Jo Didderen kennen. Er ist Niederländer und spielt Kontrabass wie ein Weltmeister. Vor Längerem nahm er eine Jazz-CD mit eigenen Songs auf. Er widmete sie seinem Vater – »Songs for my father«. Ich kann sie euch nur ans Herz legen. Bevor ich ihn traf, wusste ich nicht, was man alles mit einem Kontrabass anfangen kann.

Johannes Vos wurde ein weiteres Mitglied meiner Band. Auch er ist ein Kontrabassist, aber zuletzt konzentrierte er sich mehr auf die Tuba und das Sousaphone. Das gab unserem Sound einen speziellen Charakter! Gelegentlich kann man Johannes auch in Aachens Fußgängerzone beobachten und ihm lauschen. Mittlerweile haben wir uns richtig lieb gewonnen, obwohl ich eher der Chaot und sehr emotional bin, was die Musik angeht. Er ist der Perfektionist. Er achtet darauf, dass die Songs ihre Struktur beibehalten, damit die Band sie zusammenspielen kann. Ich tendiere nämlich dazu, aus fast jedem Song eine spontane Session zu machen, was es für die anderen Musiker natürlich schwieriger macht.

Ich liebe Musiker, die wirklich aus der Seele spielen.

Daniel Daemen ist inzwischen auch ein fester Bestandteil der Band geworden. Er spielt Saxophon und die Klarinette so einfühlsam wie Giora Feidman. Ich liebe Musiker, die wirklich aus der Seele spielen. Daniel Daemen ist nicht nur ein Musiker, der sein Fach handwerklich perfekt beherrscht. Meiner Meinung nach fühlt er, was er spielt, und das macht wahre Musik aus. Die innere Welt des Menschen wird wirklich sichtbar. Innerhalb von Sekunden schafft er es, den Zuhörer in eine andere Welt zu befördern. Ich bin sehr stolz darauf, dass ich mit solchen Menschen musizieren darf.

Der Musikstil, in dem wir uns bewegen, ist nicht sehr kompliziert. Er basiert meistens nur auf drei bis vier Akkorden, doch lustvoll muss er sein. Wir alle spielen um unser Leben, denn das ist es auch, was die Straße für mich ausmacht. Wenn ich könnte, würde ich noch mehr Straßenkünstler mitnehmen, doch leider würde das unser Budget sprengen. Jeder, der dazukommt, möchte ja auch das täglich Brot verdienen, und das Geld wächst leider nicht auf den Bäumen.

Da die Band ständig wächst, habe ich sie einfach Orchestra getauft. Da wir ja sozusagen auf der Straße geboren wurden, ist es unschwer zu erkennen, warum ich den Zusatz Street davor gewählt habe. Jimmy Kelly & The Street Orchestra – so einfach ist das.

In der Zwischenzeit habe ich einige Projekte parallel laufen. Manche Musiker sind ständig dabei, andere wechseln sich ab, je nachdem, was das aktuelle Projekt an Instrumenten benötigt oder was die finanziellen Möglichkeiten hergeben. Jedes Jahr gehe ich mit einem Projekt auf Tour. In der Zwischenzeit haben wir viel dazugelernt und hören nicht auf zu lernen. Um Erfolg mit der Tourmusik zu haben, bedarf es keines großen Geheim-

Wir alle spielen um unser Leben, denn das ist es auch, was die Straße für mich ausmacht.

nisses. Es ist ähnlich wie auf der Straße. Man muss sich zuerst auf den Weg machen. Wenn man nicht dort draußen ist und arbeitet, dann wird auch nichts passieren. Es gilt dasselbe Motto wie auf der Straße: Ignore the Moods – ignoriere deine Launen, Get the hours in – du musst die Stunden reinkriegen. Hauptsächlich wird man durch »Probieren« und »Scheitern« lernen. Natürlich versucht man, ein gutes Produkt auf die Bühne zu stellen, dem Publikum etwas

Das ist das Prinzip der Straße: erst einmal alles geben und dann auf ein Echo hoffen.

zu bieten. Doch manchmal denkt man: »Das wird der Knaller, sie werden es alle lieben!«, und dann kommt es nicht an. Man erntet lauwarmen Applaus. Oder man sagt sich: »Na gut, ich probiere es halt mal.« Man ist im Grunde genommen selbst nicht ganz davon überzeugt, und dann schlägt es ein wie eine Bombe. Der Künstler ist kreativ, doch das Publikum entscheidet mit, in welche Richtung

es geht, indem es Lob und Anerkennung zollt oder eben nicht. Beispielsweise erkannte ich früher kaum eine Stärke in einfachen Balladen. Heute weiß ich, dass auch leisere Töne sehr wohl gut ankommen können.

Sowohl auf der Straße als auch auf der Bühne liegt der wahre Erfolg meiner Meinung nach im Geben und Nehmen. Wenn du zuerst etwas von dir gibst, kommt früher oder später auch etwas zurück. Worauf es ankommt, ist die Ausdauer: geben, geben, geben. Das ist das Prinzip der Straße: erst einmal alles geben und dann auf ein Echo hoffen.

Es gibt genügend Geschichten von Musikern, die plötzlich die Nummer eins sind, die Charts anführen und dann Hit auf Hit abliefern. Was wir nicht sehen, ist, dass diese Künstler oft schon jahrelang unterwegs waren, gearbeitet haben wie die Verrückten und richtig Ausdauer brauchten.

Der Künstler ist kreativ, doch das Publikum entscheidet mit, in welche Richtung es geht, indem es Lob und Anerkennung zollt oder eben nicht.

Die **Gesetze**
der Straßen!

Straßenmusik zu machen ist in den meisten Städten illegal, wenn man keine Genehmigung hat. Eine Genehmigung zu bekommen ist auch schwierig, da die meisten Städte nur eine bestimmte Anzahl ausstellen. Hinzu kommt, dass man die Erlaubnis ja schon ein paar Tage vorher beantragen muss. Es ist ein ständiges Hin und Her mit diesen Genehmi-

Straßenmusik zu machen ist in den meisten Städten illegal, wenn man keine Genehmigung hat.

gungen. Gerade wenn man oft an verschiedenen Orten spielt. Jede Stadt hat ihre ganz eigene Politik, ihre Regeln oder wie man es auch immer nennen möchte.

In einer Stadt musst du zwanzig Euro bezahlen, damit du vier Mal täglich zwanzig Minuten spielen darfst. In der nächsten bezahlt man nur fünf Euro dafür, muss aber alle dreißig Minuten hundert Meter weiterziehen und darf dann für den Rest des Tages auch nicht wieder an einem schon bespielten Platz auftreten. Es gibt nicht eine einzige Stadt in Deutschland, in der es erlaubt ist, mit einer Anlage zu spielen. Mag die Anlage auch noch so klein sein. Oh, Entschuldigung, es gibt eine. Dort kostet die Genehmigung aber hundertsiebzig Euro. Es ist also besser, wenn es an dem Tag dann nicht regnet. Ich denke, es ist ein total absurdes Gesetz, grundsätzlich keine Anlage zu erlauben. Ich habe einen kleinen Verstärker und ein Mikrofon, sodass ich nicht den ganzen Tag schreien muss und dann schnell heiser werde. Es sollte ein Gesetz erlassen werden, dass die musikalische Darbietung nur eine bestimmte Lautstärke haben darf, egal, ob man nun eine Anlage benutzt oder nicht.

Wenn ich zum Beispiel meinen Verstärker benutze, ist das illegal. Spielen aber fünf Trompeten auf einmal wie in manchen der Zigeunerbands, ist das erlaubt. Oder schaut euch die Drehorgeln an. Die sind lauter als ich. Selbst wenn meine Anlage an ist, übertönen sie mich. Würde ich ein Schlagzeug aufbauen und den ganzen Tag Heavy Metal spielen, dann wäre das okay. Es wäre aber drei Mal lauter als meine irische Ballade,

die aus meinem Verstärker kommt. Ich musste schon so oft aufhören zu spielen, weil ein Drummer ein paar Meter weiter loslegte. Es ist also eine Frage der Dezibel, oder nennen wir es Lautstärke. Die Straßenbahn in Stuttgart und vielen anderen Städten ist viel lauter, als ich jemals verstärkt singen könnte. Ich habe mal eine Studie gelesen, in der steht, dass die Straßenbahnen sogar sehr schädlich für die Ohren sind und ihre Geräusche Stress hervorrufen. Musik ruft aber keinen Stress hervor. Sie bringt Frieden.

Vielleicht nicht jeder Musikstil, aber die meisten. Einmal traf ich einen Mann, der in einem »Labor für Lärm« arbeitete. Er erzählte mir, dass es sogar einen Sound oder Lärm gäbe, der Menschen töten könne, sogenannte »Soundwaves«. Durch die Wellen, die ein Mensch nicht hören kann, kann man ihn umbringen.

Die Stadtverwaltungen geben Millionen aus, um ihre Innenstädte für das Publikum attraktiver zu machen. Sie sehen alle sauber und gepflegt aus. Aber wie hören sie sich an? Wenn man am Morgen aufwacht und als Allererstes seine streitenden Kinder hört, was denkt man automatisch? »Ich will nicht aufstehen!« Singt eines der Kinder aber gerade

spielen ihre Musik, damit wir uns wohlfühlen und kaufen.

Fahrstuhlmusik wird zum Beispiel extra so ausgewählt, dass man sich während der Fahrt entspannt, da die meisten Menschen nicht gerne in einen Aufzug einsteigen. Stellt euch vor, in Fahrstühlen würde Rammstein gespielt.

Und wenn wir gerade über Musik und Lautstärke, um nicht zu sagen, Lärm sprechen: In vielen Städten wäre es mir erlaubt, auf der Straße zu sitzen und Passanten nach Geld zu fragen, also zu betteln. Es ist mir aber nicht erlaubt, ihnen einen Song zu spielen, ohne Geld dafür zu verlangen. In Köln darf man beispielsweise immer die ersten dreißig Minu-

Wenn die Ordnungsämter die Vögel und ihren Gesang kontrollieren könnten, würden sie es garantiert tun.

ein Lied wie ein Vogel an einem Frühlingsmorgen, wird man sich anders fühlen. Wenn die Vögel doch ein Recht haben, ohne Erlaubnis des Ordnungsamtes zu singen, warum dann nicht auch wir Menschen? Ich glaube fast, wenn die Ordnungsämter die Vögel und ihren Gesang kontrollieren könnten, würden sie es garantiert tun.

Betritt man ein Einkaufszentrum oder ein Geschäft, ist das Erste, was wir hören, Musik. Diese Zentren oder Supermärkte haben überall Lautsprecher und

ten einer Stunde ohne Verstärker in der Fußgängerzone spielen. Aber was macht eine musikalische Darbietung in der zweiten Hälfte der Stunde denn illegal? Der Ordnungsbeamte antwortete mir auf diese Frage: »So ist eben das Gesetz, ich mache nur meinen Job.« Ich fragte ihn, ob es denn okay wäre, wenn ich sänge, aber kein Geld dafür annehmen würde.

»Ja, die ersten dreißig Minuten einer jeden Stunde ginge das, nicht aber in der zweiten Hälfte.«

Ich sagte ihm, dass ich dann ab der einunddreißigsten Minute nur für mich ganz allein singen würde, nicht für Geld.

»Nein! Da dürfen Sie nicht singen«, war seine Antwort.

Ob ich pfeifen dürfe, fragte ich daraufhin.

»Nein!«, gab er zurück.

»Aber ich pfeife doch nur für mich!« Ich gab nicht auf.

»Aber was ist, wenn Ihnen jemand Geld dafür geben würde«, fragte der Beamte.

»Dann sorge ich dafür, dass es so aussieht, als schulde mir ein Freund Geld«, antwortete ich. Danach gab ich auf. Die Diskussion hatte keinen Zweck.

In einer bayerischen Stadt hat es einen Beamten gegeben, dem man vorsingen oder vorspielen musste, wenn man Straßenmusik machen wollte. Nennen wir ihn Alois Huber. Er müsste mittlerweile sogar in Rente sein. Morgens um sechs Uhr wartete schon eine lange Schlange von Musikern vor seinem Büro im Rathaus, um eine Genehmigung zu bekommen. In dieser Stadt Bayerns gab es nämlich nur eine kleine, streng limitierte Anzahl von Genehmigungen pro Tag. »Wenn wir die Anzahl nicht limitieren würden, gäbe es hier das totale Chaos, aber wir sind doch in Deutschland«, sagte Herr Huber stets. Spielte man ohne solch eine Genehmigung, bezahlte man hundert Euro Bußgeld plus die dazugehörigen Bearbeitungsgebühren. Das

machte um die hundertdreiundzwanzig Euro Minimum, die Strafe ging aber auch teilweise hoch bis tausend Euro. »Ich schreibe das ja nicht vor, das macht der Stadtrat. Ich setze bloß um, was man mir sagt. Vorschrift ist Vorschrift«, verteidigte sich Herr Huber stets. Das ist die Antwort, die ich bis jetzt am häufigsten von Beamten oder Polizisten gehört habe: »Ich mache doch nur meinen Job!«

Wenn man nun gerne eine Genehmigung in besagter bayerischer Stadt haben wollte, musste man sehr früh am Morgen im Rathaus sein, denn nur der frühe Vogel fängt den Wurm. Dann spielte man Herrn Huber vor, und er entschied, ob man gut genug für eine Genehmigung war oder eben nicht. Ein älterer Mann entschied also, was sich die Bewohner der Stadt an einem normalen Wochentag anhören durften. Umsonst, versteht sich. Er bestimmte, was seiner Meinung nach gut genug war für die Ohren der Passanten. Aber ein beispielsweise Sechzigjähriger hat doch nicht zwingend denselben Musikgeschmack wie ein Dreißig- oder Zwanzigjähriger. Ich könnte Stunden über diese Absurdität schreiben, aber es macht mich nur wütend. Es macht mich wütend, weil in denselben Städten, in denen solche Dinge passieren, gleichzeitig Millionen für kulturelle Zwecke ausgegeben werden.

Seit einigen Jahren gibt es nun aber einen Boom von Straßenfestivals. Dort sind Straßenmusikanten und Artisten die

Attraktion, und sie sind viel geschmackvoller gestaltet als die meisten Stadtfeste, weil der Fokus auf der Kultur liegt. Um nur ein paar von ihnen aufzuzählen, die es zu besuchen lohnt: La strada in Bremen, Barden Fest in Nürnberg, Pflasterspektakel in Linz, Internationales Straßentheaterfest BoulevART in Wismar, Tête-à-Tête in Rastatt, Festival de la rue in Aurillae, Festival der Kulturen in Berlin, Bamberg zaubert, Halifax international buskers festival in Nova Scotia, Kanada, Barcelona buskers festival, Singapore sontosa buskers festival, The Fringe in Schottland, Midlads Straat Theater in Holland, oder auch ein sehr besonderer Tag in den Niederlanden: der Queens day. Jeder kann raus auf die Straße gehen und tun und lassen, was er möchte, ausgenommen vielleicht einen Mord zu begehen Die Liste geht weiter und weiter … Meine Aufzählung ist nur eine kleine Anzahl der Städte, die Straßenkunst zu schätzen wissen, und mit ihnen ganz viele engagierte Leute, die die Festivals zum Leben erwecken. Aber für den normalen Straßenmusiker heißt das nicht, dass er einfach dorthin fahren und mit seiner Kunst loslegen kann. Er muss sich um einen Platz bewerben und kann sich von vornherein sicher sein, dass sich mit ihm auch noch um die tausend weitere Künstler einen Platz sichern möchten. Das ist wirklich kein Scherz. Und diese tausend Bewerber sind im Großen und Ganzen keine professionellen Musiker oder

Artisten. Ich mache keine Witze. Diese tausend Bewerbungen kommen von meist nicht professionellen Straßenkünstlern. Die Kunst ist natürlich großartig, und es fühlt sich gut an, einmal legal auf der Straße spielen zu können. Leider ändert es jedoch nicht viel für die Künstler, die ihre Familie damit das ganze Jahr durchfüttern müssen.

Mein Lieblingsstraßenfest ist das Stramu in Würzburg. Antje Molz organisiert dieses Festival nun schon seit über zehn Jahre hinweg, und es ist wirklich zu einem großen Event herangewachsen. Im letzten Jahr waren in nur zwei Tagen über zweihunderttausend Besucher dort. Die Stadt war voller Musiker, Tänzer, Artisten. Keine Buden und Karussells, keine Händler wie auf den meisten Stadtfesten. Es ist wirklich wunderbar dort. Die Veranstalterin Antje opfert einen Großteil ihres Lebens dafür, dieses Fest möglich zu machen. Und sie gehört nicht zu den Topveranstaltern wie Marek Lieberberg, die dann ein großes Geschäft mit den Festivals machen. Sie ist weder Millionärin, noch wird das Stramu sie reich machen. Sie steckt ihr Herzblut hinein, weil sie diese Kunst liebt. Danke, Antje! Die Tatsache, dass dieses Festival so erfolgreich ist, zeigt, dass ein Großteil der Menschen Straßenkunst lieben und zu schätzen wissen. Wenn es wirklich demokratisch zugehen würde und die Kulturgelder fair aufgeteilt würden, sollten die Straßen der Städte Bühnen für alle Arten der Kunst werden. Wenn es Sinn machen soll, dass die Deutschen Steuergelder für Kultur ausgeben, dann doch auch, damit sie neben reinem Entertainment auch Bildung für ihr Geld erhalten. Warum muss ich für viel Geld ins Theater gehen, um Goethes »Faust« zu sehen? Versteht mich nicht falsch, aber stellt euch vor, wir könnten das Stück umsonst sehen, oder ein Sinfonieorchester würde uns irgendwo auf der Straße Bach spielen, während

Warum ist Straßenmusik dreckig, warum wird sie nicht als Kunst respektiert, warum kommt sie dem Betteln nahe?

wir an einem Montagmorgen zur Arbeit gehen. Warum nicht? Warum ist Straßenmusik dreckig, warum wird sie nicht als Kunst respektiert, warum kommt sie dem Betteln nahe?

Ich glaube, es hat damit zu tun, dass wir es nicht so einfach kontrollieren können, und wir lieben es, unser Leben zu kontrollieren. Wenn wir der Sonne vorschreiben könnten, wann sie zu scheinen hat und wann nicht, so würden wir es tun. Und regnen dürfte es sowieso nur auf den Feldern, Wiesen und in den Wäldern. Wir Menschen sind Kontrollfreaks, also packen wir Tolstoi in die eine Box und Bach in eine andere. Jeder zahlt

Steuern, aber nur die Minderheit profitiert davon. Die guten Künstler auf der Straße werden mit den schlechten in eine Kiste geworfen, weil die meisten Ordnungsbeamten meinen, sie müssten jeden gleichbehandeln. Gesetz ist nun mal Gesetz!

An einem Morgen in Bielefeld kam wieder einmal eine Beamtin der Stadt auf mich zu. »Herr Kelly, Sie können hier leider nicht spielen, es sei denn, Sie haben eine spezielle Erlaubnis!« Ich gab ihr zu verstehen, dass ich eine hätte. »Könnte ich die dann bitte sehen«, forderte sie mich auf.

»Lassen Sie mich Ihnen doch einen Song spielen, und wenn ich Ihr Herz damit berühre, werden Sie merken, dass ich eine spezielle Erlaubnis habe.«

»Nein, das tut mir leid, ich kann Sie nicht spielen lassen, ohne dass Sie dafür eine Genehmigung der Stadt haben. Das ist nun mal das Gesetz. Ich mache hier auch nur meine Arbeit.«

»Okay, dann singe ich Ihnen eben keinen Song. Aber wenn das so weitergeht, werde ich Ihnen eines Tages noch nicht mal eine Blume auf der Straße schenken können, ohne dass ich eine Genehmigung der Stadt dafür habe!«

Als ich einmal in Köln unterwegs war, beobachtete ich zwei Ordnungsbeamte, die gerade dabei waren, drei kleinen Kindern, keines älter als zehn, das Musizieren zu verbieten. Die Kinder hatten ihre Instrumente in der Hand, und die Angst stand ihnen ins Gesicht geschrieben. Ich kam gerade dazu, als die Beamten den Kindern sagten, sie müssten die Polizei holen, wenn sie nicht aufhören würden. Ich unterbrach die Ordnungsbeamten und sagte den Kindern, dass sie keine Angst haben sollen.

»Was wollen Sie tun? Die drei Kleinen dafür festnehmen, dass sie ›Hänschen klein‹ gespielt haben?«

»Ja, wenn sie nicht aufhören, muss ich leider die Polizei rufen, und die werden die Kinder dann von der Straße holen.«

»Warum? Das sind doch nur kleine Kinder!«

»Wir müssen aber alle gleichbehandeln, Vorschrift ist nun mal Vorschrift, ich mache nur meine Arbeit!«, entgegnete einer der Beamten.

»Aber wir sind doch nicht alle gleich, Sie können doch nicht einfach alle über einen Kamm scheren, vor allem nicht, wenn es sich um Kinder handelt. Eine alte Dame ist nicht zu vergleichen mit einem jungen Mann oder diese Kinder mit einer Erwachsenen-Band!«

Dieser blinde Gehorsam vor dem Gesetz. Und hinzu kommt noch, dass man gar nicht mehr die Realität betrachtet, gar nicht mehr registriert, was hier eigentlich gerade passiert, wenn man sagt: »Ich mache doch nur meinen Job!« Das ist beängstigend. Für mich heißt das, keine Verantwortung übernehmen zu wollen aus Angst, seinen Job zu verlieren, was sich für einen Beamten doch wohl eher sehr schwierig gestalten dürfte. Vielleicht ist es auch das Fehlen von Menschlichkeit?

Wenn ich singe, dann nicht nur, weil ich meinen Job ausübe. Hoffentlich gebrauche ich doch auch mein Gehirn oder, noch wichtiger, mein Herz. Stellt euch vor, ihr kauft ein Ticket für mein Konzert, und ich singe nur so lala. Vielleicht würdet ihr dann zu mir kommen und sagen: »Hey, ich habe viel Geld für dein Konzert bezahlt, warum hast du nicht gut gesungen?« Und meine Antwort wäre: »Ja, ich habe ja nur meinen Job gemacht!« Wäre eure Antwort dann nicht vielleicht: »Mann, dein Job ist es, dein Leben, dein Herz und deine Seele in deine Musik zu legen!« Und damit würdet ihr richtigliegen. Genau darum sollte es in jedem Job gehen. Das ist bestimmt nicht immer einfach, aber was uns Menschen von einer Maschine unterscheidet, ist, dass wir unser Gehirn in Verbindung mit unserem Herzen benutzen können. Wir sollten anstreben, unseren Job immer mit Liebe auszuführen. Das ist natürlich nicht immer unbedingt einfach, gerade an einem Montagmorgen! Aber wir müssen es wenigstens versuchen, ansonsten sind wir nur wie lebendige Tote, die durchs Leben laufen. Es ist etwas sehr Wesentliches, Liebe in seine Arbeit einfließen zu lassen. Oder seinen Job zu lieben, was am Ende dasselbe ist. In den USA wurde eine Studie durchgeführt, die besagt, dass Kinder von Eltern, die ihren Job nicht lieben, in der Schule häufig die Unterdrücker, und Kinder, deren Eltern ihren Job lieben, eher sanftmütiger sind.

Zu sagen, dass man ja nur seinen Job macht, ist schrecklich. Das Traurige ist, dass immer mehr Menschen unglücklich in ihrem Job sind. Das erzählen mir auch die Leute, denen ich täglich auf der Straße begegne.

Die Frage, warum ich diesen Job mache, ist ebenso wichtig. Ich habe nie wirklich selbst entschieden, Musik als Job auszuüben. Ich wurde in eine musikalische Familie hineingeboren und ging nie zur Schule. Also sicherte mir die Musik mein Einkommen. Heute aber weiß ich, warum ich Musik mache. Ich singe und spiele für meine eigene Familie, um uns zu ernähren. Und so wird es auch einfacher für mich, mein Herzblut und meine Liebe in meinen Beruf zu stecken. Ich bin dankbar, und es macht mich glücklich, dass ich Arbeit habe und arbeiten kann. Okay, vielleicht nicht jeden Tag, aber ihr könnt euch vorstellen, was ich meine.

Mein Freund Tom, der Querflöte auf der Straße spielt, sagte einmal, was die Straße so einzigartig mache, sei der Überraschungseffekt. Wenn du jemandem dort draußen völlig unerwartet einen Song singst und er der Person gefällt, wäre es doch ein wenig so, als brächtest du deiner Frau unverhofft einen Blumenstrauß mit.

Das ist doch ein schönes Gefühl. Der Passant, der auf der Straße nichts ahnend an mir vorübergeht, wird von einem Song überrascht. Unsere heutige Welt ist kontrolliert, alles ist durchgeplant, jeder ist stets erreichbar, wir arbeiten, feiern, arbeiten, gehen einkaufen … und mittendrin stehen wir: die Straßenmusiker! Wir sind die »Überrascher«. Ist das nicht ein toller Job?

Stellt euch vor, wir würden ein Kind fragen, was es später einmal werden will, und es antwortet: »Überrascher!« Würden wir nicht verdutzt schauen und uns am Kinn kratzend fragen: »Was soll das sein? Ist das ein Beruf?« Ja, ist es! Ein Traumberuf sogar und dazu noch ein sehr nobler. Die meisten Menschen gehen durch so viele Höhen und Tiefen im Leben. Wenn jemand seinen Partner verliert, vielleicht durch eine Trennung oder

Und nur mal nebenbei angemerkt: Die Hauptaufgabe, die Kinder wohl in unserem Leben haben, ist, uns zu überraschen. Immer und immer wieder, während sie aufwachsen und groß werden. Das ist es, warum sie uns so viele Sorgen, aber auch so viel Freude bereiten und warum wir sie lieben. Neben vielen anderen Dingen helfen sie uns dabei, in harten Zeiten nicht aufzugeben. Wir sollten doch alle wieder ein bisschen mehr wie die Kinder werden, gerade hier in Deutschland.

Die Wahrheit ist, dass die Straße einfach einzigartig ist. Wo sonst steht ein Punk neben einer alten Dame, und beide hören demselben Song zu. Es ist einzigartig, dass die Straße junge, alte, reiche, arme, gesunde und kranke Menschen, Muslime, Christen, Atheisten, Priester, Prosti-

Es ist einzigartig, dass die Straße junge, alte, reiche, arme, gesunde und kranke Menschen, Muslime, Christen, Atheisten, Priester, Prostituierte, Kriminelle oder egal, welche Lebenseinstellung jemand auch haben mag, zusammenbringt.

Scheidung geht, traurig ist und mal fünf Minuten eine Auszeit braucht – wir Straßenmusiker werden demjenigen ein Lied singen oder spielen. Und zwar so, wie die kanadische Musikerin und Malerin Joni Mitchell so schön sagte: »For free!«

tuierte, Kriminelle oder egal, welche Lebenseinstellung jemand auch haben mag, zusammenbringt. Alle stehen Seite an Seite, dicht an dicht und hören ein und dasselbe Lied. Wahnsinn, was für eine Bühne!

Ich sage immer, dort draußen auf der Straße einen Song zu singen ist, wie einen Brief zu schreiben, ihn in eine Flasche zu stecken und in das weite Meer zu werfen. Du weißt nie, wer das Geschriebene lesen wird. Es ist wie ein Vertrauensvorschuss. Du gibst umsonst und musst die Hoffnung haben, dass dein Song jemanden dort draußen erreicht und berührt.

Der wahre Straßenmusiker gibt zuerst, bevor er etwas erhält. Ungefähr so, als würden wir ins Kino gehen und erst nach dem Film entscheiden, ob er gut genug war, um zu bezahlen. Gefiel der Film dir nicht, gehst du einfach, ohne einen Obolus zu geben. Fandest du ihn gut, steht es dir zu, zu bezahlen, was auch immer du möchtest.

Sagt mir, wie viele Berufe ihr kennt, in denen man dieses Prinzip der Straße anwendet. Wo der Kunde entscheidet, was die erbrachte Leistung wert ist, und bezahlt, was er möchte. Straßenmusiker ist daher wohl einer der ehrenvollsten Jobs der Welt.

Das ist einer der herausforderndsten und beängstigendsten Aspekte der Straße. Du weißt nie, was am heutigen Tag herauskommen wird. Gleichzeitig ist dies aber auch eine der schönsten Erfahrungen der Welt, weil von den meisten Menschen eine Reaktion kommt. Du bekommst ein Echo. Ein Danke, einen Euro oder jemand teilt mit dir für einen Moment seine Geschichte. Die meisten Zuhörer geben mir noch ein »Weiter so!«

mit auf den Weg – das ist in den letzten Jahren zu einer Art Motto für mich geworden. Mein Selbstwertgefühl ist durch meine Arbeit in den Fußgängerzonen wirklich gewachsen. Und ich habe wieder mehr Hoffnung in die Menschen, dass ein jeder im Kern gut ist, zumindest die meisten. Solltest du Hilfe brauchen, werden dir die meisten Leute auch ihre Hilfe anbieten, vor allem dann, wenn du einfach und offen darum bittest.

Sting hat vor langer Zeit einmal versucht, unplugged in New York in der U-Bahn zu spielen und in fünfzehn Minuten fünf Euro verdient. Kein Wunder, denn dieser Mann braucht ein Mikrofon, um seine Stimme zu verstärken. Vor allem dann, wenn er gegen den Lärm der Bahn ankämpfen muss. Wenn Norah Jones versuchen würde, ohne technische Hilfe in der Fußgängerzone zu singen, könnte keiner sie hören. Sie hat eine so schön zarte Stimme, dass sie sich in all dem Lärm verlieren würde. Oder Reinhard Mey. Habt ihr ihn einmal singen gehört? Man muss ihm wirklich zuhören, wenn man ihn verstehen möchte. Er hat seinen ganz eigenen Stil, und er ist ein guter Künstler. Das sollte man doch respektieren. Sanfte Künstler wird es also so lange nicht auf die Straße ziehen, bis es erlaubt sein wird, Sound-Equipment zu benutzen, und das Gesetz dahingehend geändert wird, dass Lautstärke keine Frage des technischen Equipments, sondern der Dezibel ist.

Die Straße hat schon große Künstler herausgebracht. Wie ich gehört habe, hat Rod Stewart auch auf der Straße angefangen. Vielleicht erklärt das auch, warum seine Stimme so gebrochen ist. Und dann wäre da natürlich auch noch Edith Piaf, meine liebste Straßenmusikerin aller Zeiten, die ihre Karriere in den Pariser Hinterhöfen begann.

Was mir gerade noch einfällt: Die meiste gute Musik entsteht aus der Notwendigkeit heraus, und sehr häufig entstand sie auf der Straße. Ghetto Blues beispielsweise müsste sich regelrecht bei der Straße bedanken, denn in seiner Entstehung hatte er keine Bühne, und die Musiker konnten meist nicht mehr als ein oder zwei Akkorde spielen. Sie waren arm, und die Straße war der perfekte und wohl naheliegende Platz für ihre Musik. Gleiches gilt für Flamenco. Heutzutage ist er Weltkulturerbe der UNESCO, seine Wurzeln gehen zurück bis nach Indien. Erst durch Zigeuner, die diese Musik auf der Straße spielten, kam die Musik nach Spanien. Auch bei Rap, Klezmer, Rock, Folk und vielleicht sogar bei der Klassik hat die Straße bestimmt eine große Rolle gespielt.

Darauf würde ich ein paar Euro verwetten.

Sorry, das musste jetzt mal alles aus mir raus!

Babyboom

in der Band!

»Ich bin schwanger«, sagte meine Frau Meike zu mir.

»Ist das sicher?« Ich war perplex. Durfte ich mich wirklich freuen?

»Ich habe gerade einen Test gemacht, und er ist positiv!«, grinste sie.

Eigentlich hatte ich mich schon damit abgefunden, dass wir vielleicht nie ein drittes Kind haben würden. Ich hatte es mir zwar schon länger gewünscht, aber heutzutage ist das nicht einfach selbstverständlich. Unsere zwei Mädchen waren nun schon ein wenig älter, Aimee acht Jahre alt und Máire fast sieben. Charakterlich unterscheiden sich die beiden wie Tag und Nacht. Aimee möchte stets das Richtige tun, manchmal so sehr, dass sie sich das Leben unnötigerweise schwer macht. Doch so eine tiefe Seele und einen großen Sinn für Gerechtigkeit, wie sie hat, habe ich selten bei einem kleinen Kind erlebt. Máire ist ihr Gegenpol, frech wie Pippi Langstrumpf. Sie lebt, als gäbe es kein Morgen. Sie ist voller Leben und sehr charmant. Ich wüsste nicht, welche der beiden hübscher ist. Neulich kam Máire zu mir und stellte die typisch kindliche Frage: »Wen hast du lieber, Papa, Aimee oder mich?«

»Das kann ich nicht beantworten, Máire. Ich habe euch gleich lieb.«

Ich drehte den Spieß um: »Wen hast du denn lieber, Mama oder mich?«

»Mama«, antwortete sie wie aus der Kanone geschossen, und da sie sah, dass ich nicht so begeistert war, fügte sie gleich lachend hinzu: »Nein, ich habe dich lieber!«

»Echt?«

»Na ja, es kommt darauf an. Manchmal habe ich dich lieber und manchmal Mama. Wenn wir Süßigkeiten wollen, dann gehen wir eben zu Mama …«

Aha. So war das also!

Und nun sollten wir ein drittes Kind bekommen. Wie spannend! Was es wohl werden würde und, vor allem, wie es wohl werden würde? Meine Frau freute sich sehr, und das war natürlich schön. Wenn eine Frau ihr Baby nämlich nicht annehmen kann, ist es tragisch für ihr Kind. Auch ich war sehr froh, wusste allerdings nicht, ob ich mich nicht zu schnell freute. Nicht immer verläuft das Leben reibungslos. Am liebsten würde ich eine Menge Kinder haben, aber das liegt nicht in meiner Hand. Man muss dankbar sein für jedes Kind, welches Gott uns schenkt. Wir entschieden uns, erst einmal die Schwangerschaft für uns zu behalten und nach ein paar Wochen zunächst der Familie und ein paar Freunden davon zu erzählen. Richtig publik wollten wir das freudige Ereignis aber nicht machen aus Angst, es könnte vielleicht doch noch etwas passieren. Wir fanden eine starke,

Man muss dankbar sein für jedes Kind, welches Gott uns schenkt.

aber liebevolle Hebamme und besuchten unsere Ärztin regelmäßig. Und irgendwann stellte sich heraus: Wir bekommen einen Jungen! Wow, ein Stammhalter!

Meine Frau und die Kinder wurden für mich wieder zur obersten Priorität. Natürlich waren sie die ganze Zeit über sehr wichtig, aber wenn sich die Familie vergrößert, verändert das auch ein bisschen die eigene Sicht auf die Dinge. Ich fragte mich, warum ich so viel unterwegs war, so viel »nach außen« machte, und entschied mich, im Berufsleben etwas

Wenn sich die Familie vergrößert, verändert das auch ein bisschen die eigene Sicht auf die Dinge.

kürzerzutreten, um dieses Kapitel »Familie« in meinem Leben besser wahrnehmen zu können. Ich rief Conny an und teilte ihr mit, dass ich im folgenden Winter nicht mit der Band auf Tour gehen und lieber eine Pause einlegen wolle. Ich würde zwar weiterhin meine Straßenmusik machen, um unser Leben zu finanzieren, aber alle weitere Zeit wollte ich zu Hause sein. Zwar war Conny etwas

enttäuscht, weil wir mittlerweile größere Erfolge mit der Band feierten. Einige unserer Touren waren bereits im Vorfeld schon ausverkauft. Doch aus meinen Erfahrungen mit der Kelly Family wusste ich nur zu gut, dass man im Leben Prioritäten setzen muss. Vielleicht hatte ich Angst, dass der Erfolg zu groß werden könnte und mir mein Familienleben kaputt machen würdes. Und ein zweites Mal wollte ich so etwas nicht erleben.

Conny konnte meine Entscheidung schweren Herzens verstehen. Nach und nach rief ich auch alle anderen Bandmitglieder an und informierte sie über den Stand der Dinge. Zweifelsohne war es nicht einfach für mich, denn auch die Band wurde nach so viel gemeinsam verbrachter Zeit für mich ein Stück Familie. Es stellte sich allerdings später heraus, dass die Bandpause sehr kreativ genutzt wurde: Mein Cousin und Gitarrist Mike Kelly sowie Saxophonist Daniel Daemen wurden nach mir ebenfalls Vater. Mike kommentierte das folgendermaßen: »If we learned anything from Jimmy Kelly, it is how to make babies – wenn wir eines von Jimmy Kelly gelernt haben, dann, wie man Babys macht.« In diesem Sinne warten wir alle gespannt auf den weiteren Band-Babyboom!

Pilger in Lourdes

Ich fuhr nach Hause, nachdem ich drei Tage in Leipzig auf der Straße gespielt hatte. Endlich, denn ich war erschöpft, mein ganzer Körper tat weh. Drei Tage hatte ich stehend verbracht, das war wahnsinnig anstrengend. Als ich in der Frühe zu Hause ankam, war ich komplett k. o.! Meine Frau und Kinder begrüßten mich, nahmen mich in den Arm, aber ich war so müde, dass ich direkt einschlief und bis zum Mittag im Bett blieb. Ich war ausgebrannt. Während ich noch im Bett lag, hatte ich eine spontane Inspiration. Schon seit einiger Zeit brannte in mir der sehnliche Wunsch, mich mit meinem Vater endgültig zu versöhnen. Deshalb glaubte ich, das Grab meiner Mutter zu besuchen sei dafür eine gute Idee. Denn auch sie hatte mit meinem Vater einiges durchgemacht und ihn trotzdem aufrichtig geliebt. Schon länger meinte ich, innerlich einen stillen Wunsch meiner Mutter zu spüren, ihr

Grab endlich zu besuchen, denn es war schon lange her, dass ich bei ihr war.

Ich musste nach Spanien fahren zum Grab meiner Mutter. Auf dem Weg dorthin wollte ich Station in Lourdes machen, dem bekannten Wallfahrtsort in Südfrankreich. Dort war ich zuletzt mit meiner Familie im Alter von sieben Jahren gewesen. Von dort starteten wir damals unsere Reise nach Rom, wo unser Leben als Straßenmusiker begann.

Ich musste also neue Kraft tanken. Ich teilte meiner Familie meinen verrückten Wunsch mit: »Wir fahren nach Spanien, noch heute. Die Kinder haben Herbstferien, wir fahren heute Abend!« Innerhalb von zwei Stunden packten wir das Nötigste zusammen, und ich baute in unserem Van ein großes Familienbett. Wir würden unser Auto in den nächsten zwei Wochen wie einen kleinen Campingwagen nutzen. Die Kinder waren aufgeregt und rannten jubelnd durchs

Haus. Meine Frau, hochschwanger, war etwas perplex und wollte wissen, warum wir so plötzlich aufbrechen müssten. Ich erklärte ihr verschmitzt: »Mein Psychiater hat mir einen Tipp gegeben: ›Agiere überraschend anders.‹« Sie lachte. Wir waren froh, nach meinem langen Sommer auf der Straße wieder beieinander zu sein. Um zwanzig Uhr ging es los, sogar unser Hund Frida fand noch Platz in unserem vollbepackten Auto. Es war Oktober. Es regnete, war kalt und schon lange dunkel. Wir fuhren in die Nacht hinein, in ein Abenteuer. Noch heute Mittag wussten wir alle nicht, wohin wir jetzt unterwegs sein würden. Aber etwas in mir drängte mich dazu, das Grab meiner Mutter zu besuchen. Es war bestimmt fünfzehn Jahre her, seit ich das letzte Mal im spanischen Belascoain, einem kleinen Dorf im schönsten Tal Navarras, zwischen Pamplona und Puente la Reina, gewesen war. Dort lag meine Mutter begraben. An der schönsten Pilgerstraße der Welt, dem Jakobsweg. Darum hatte ich an meiner Gitarre, die ich auf der Straße spiele, auch eine Jakobsmuschel angebracht. Zum Gedenken an meine Mutter und meinen Namenspatron, den heiligen Jakob.

Die Fahrt gen Süden war lang. Um Mitternacht passierten wir Paris, die Mädchen konnten endlich ihren Schulfreunden erzählen, dass sie den Eiffelturm gesehen hatten, auch wenn es nur von fern war. Sie waren viel zu zappelig,

um zu schlafen. Ein paar Hundert Kilometer weiter entschieden wir uns, an einer Tankstelle anzuhalten, um wenigstens etwas Schlaf zu bekommen. Das von mir gebaute Bett im hinteren Teil des Wagens war so groß wie ein King-Size-Bett im Hotel Vier Jahreszeiten. Zwar etwas eng für uns viereinhalb Personen, aber doch gemütlich. Unsere kleine Hündin fand einen Platz zu unseren Füßen. Am nächsten Morgen holten wir frische französische Croissants, Kakao und Kaffee. Gestärkt traten wir die Weiterfahrt an. Am späten Nachmittag kamen wir endlich in Lourdes an. Eine kleine Stadt, aber nach Rom und Fatima eine der größten katholischen Pilgerstätten der Welt. Hier war vor hundertfünfzig Jahren die Mutter Gottes einem Mädchen namens Bernadette erschienen. Ich wurde am 18.02. geboren, dem Namenstag der Bernadette Soubirous. Ich fühle mich stark mit ihr verbunden, sie soll mich schützen und für meine Familie und mich beten.

Nach kurzer Suche fanden wir einen kleinen Campingplatz in der Nähe der Mariengrotte und bekamen direkt einen Stellplatz. Wir brauchten alle dringend eine Dusche. Es war ein kleiner Platz am Fluss, schöner konnte es nicht sein, abgesehen davon, dass es ein wenig regnete. Aber nicht genug, um uns aufzuhalten. Noch am selben Abend liefen wir in der Dunkelheit am Fluss entlang und kamen endlich an der Grotte an. Vor uns leuchteten Hunderte von Kerzen, gerade so, als ob das Tor des Himmels für uns geöffnet worden wäre. Ich war extrem nervös und wollte eigentlich lieber ins Kino oder fernsehen. Ich wusste nicht genau, warum, aber das passierte mir öfter. Immer wenn ich zu einem Pilgerort reise oder in einem Kloster einkehre, habe ich anfangs und mittendrin den Drang, wegzugehen, einfach abzuhauen. Doch wir waren nicht umsonst so lange gefahren und hatten die tausenddreihundert Kilometer hinter uns gebracht. Meine Frau konnte meine Anspannung spüren, sagte aber nichts. Sie wusste, was ich hier tun musste, was ich aber nicht erklären konnte oder wollte. Es war eine unausgesprochene Unterstützung, die sie mir gab. Wir genossen den Abend. Es herrschte Stille, eine Art »Gebetsstimmung«. Die Pilger stellten Kerzen auf, knieten vor der Grotte und sprachen leise ein Gebet für sich oder einen anderen Menschen.

Am darauffolgenden Morgen setzte ich mich mitten unter die Menschen, die an den Wasserbädern am Fluss warteten. Es regnete in Strömen. Es saßen mehrere Hundert Pilger unter einem Vordach, viele von ihnen in Rollstühlen. Sie alle wollten sich hier in kleinen Wasserbassins baden lassen, die in geschlossene Kabinen abgeteilt waren. Da man sich fast komplett bis auf die Unterhose ausziehen musste, gab es zwei Abteilungen:

Bäder für die Männer und Bäder für die Frauen. Nacheinander wurden die vielen Wartenden in die Bäder hineingelassen. Und ich befand mich mitten unter den wartenden Pilgern. Es würde Stunden dauern, bis ich an der Reihe war. Während wir draußen warteten, beteten alle gemeinsam den Rosenkranz. Zwischendurch wurde das Mikrofon herumgereicht, und die Pilger konnten spontan ein Gebetsanliegen vortragen. Auf der einen Seite von mir saß ein Mann aus Kalifornien, auf der anderen einer aus

Immer wenn ich zu einem Pilgerort reise oder in einem Kloster einkehre, habe ich den Drang, wegzugehen, einfach abzuhauen.

Vietnam. Er war den weiten Weg gekommen, um für die Gesundheit seines Bruders zu beten. »Wahnsinn, den weiten Weg aus Vietnam«, dachte ich bei mir. Der Amerikaner neben mir war stinkreich, trug eine Rolex. Er war ein mächtiger CEO in einer Computerfirma in Los Angeles. Wir kamen ein wenig ins Gespräch, ich erzählte von mir, er von sich, und ich fragte ihn, warum er in Lourdes war. »Wegen meiner Frau«, sagte er, »ich bin nicht gläubig, aber ich habe ihr versprochen, dass ich nach ihrem Tod für sie eine Pilgerfahrt hierher unternehmen

würde. Das Baden tut mir gut, ich bin schon das dritte Mal in zwei Tagen hier, und ich habe ein paar Kerzen für meine Frau angezündet.« »RUHE!«, rief ein Mann in die Runde, weil sich viele von uns unterhielten, obwohl wir in Stille sitzen oder mitbeten sollten. Ich fing wieder an zu beten, ich war nervös. So etwas

hatte ich noch nie gemacht, ein Bad zu nehmen. Es sollte ablaufen wie die Taufe im Mississippi River. Man lässt sich mit dem ganzen Körper nach hinten fallen, taucht unter und wird dabei von mehreren Männern gehalten.

Wir waren um die zweihundert Menschen, die den Rosenkranz beteten.

Mikrofon, um für die Erlösung ihres Sohnes zu bitten. Er hatte Krebs. Wir alle beteten wieder zusammen. Ein Mann betete für seinen Bruder, der wegen Mordes im Gefängnis saß. Wir begleiteten ihn ebenfalls laut mit zehn »Gegrüßet seist du, Maria«. Eine Mutter reichte das Mikro ihrem behinderten Sohn, der seine Bitte vortrug. Niemand konnte ihn wirklich verstehen, aber wir alle unterstützten seinen Wunsch mit einem zehnfachen »Gegrüßet seist du, Maria«. Währenddessen wurden die Wartenden weiterhin langsam in die Bäder eingelassen und verschwanden hinter einer Tür. Ein Mann Mitte dreißig nahm das Mikro zur Hand und flehte: »Lieber Jesus, erlöse mich von meiner Sucht, ich möchte meine Frau und Kinder zurück!« Ein anderer bat darum, von seinen Ängsten erlöst zu werden. Ich war immer noch nicht an der Reihe, deshalb brachten mich das Ambiente sowie die Gebete der anderen zum Nachdenken darüber, was ich hier eigentlich wollte. Und mir wurde klar, dass jeder eine Geschichte lebt, die einzigartig ist. Wir alle haben unsere eigene, heilige Geschichte. Die Menschen, die ich hier in Lourdes vor mir sah, waren die gleichen, die ich auf der

Immer wieder ging ein Mikrofon herum für diejenigen, die eine Fürbitte für jemanden vortragen wollten. Eine Frau griff danach: »Lieber Jesus, ich bitte dich um die Bekehrung meines Mannes, er betrügt mich seit langer Zeit.« Wir alle beteten zusammen zehn »Gegrüßet seist du, Maria«. Eine andere Frau nahm das

Die Menschen, die ich hier in Lourdes vor mir sah, waren die gleichen, die ich auf der Straße traf.

Straße traf. Der einzige Unterschied war, dass die Menschen hier in Lourdes einen Weg gefunden hatten, ihr Leben in Gottes Hand zu legen. Ihr Leben durch Maria an Gott zu geben. Durch Marias Fiat ist für jeden, der Erlösung sucht, der Weg dahin möglich. Und ich suchte Erlösung. Und zwar am meisten von mir selbst.

Manche Leute meinen, die Politiker sind schuld am Bösen in dieser Welt, die mächtigen Banken oder die Konzerne. Ja, es gibt viel Schlechtes, Trauriges, Böses in unserem Leben, daran besteht kein Zweifel. Aber was, wenn ein einfacher Mensch wie ich es nicht schaffte, seine eigene Familie, in die er geboren war, richtig zu lieben? Oder wenn einer wie ich immer und immer wieder dem Vater die Schuld an allem gab, was im eigenen Leben nicht richtig lief. Ich suchte bei ihm die Schuld, weil ich der Meinung war, er hätte mir mein Geld und Glück geraubt. Denn niemals hatte er mich gefragt, was meine Träume sind. Oder was ich vom Leben will, ob ich überhaupt zur Schule gehen möchte. Stattdessen musste ich schon als Kind auf der Straße arbeiten. Nun hatte ich es aber satt, in einer Opferrolle zu leben. Zu lange war ich schon in dieser Opferrolle, in der ich mich mittlerweile bequem eingerichtet hatte und dadurch die Schuld immer von mir weg zu den anderen schob. Doch paradoxerweise gab mir Gott den weiteren Atem. Wie sagte noch der Behinderte auf der Straße einmal zu mir? »Wenn ich deine Hände hätte und deine Stimme, würde ich fröhliche Lieder singen und Gott danken.« Ich hatte es also satt, wütend zu sein. Ich wollte lernen, in Dankbarkeit zu leben. Und so, wie ich an der Kirche in der Aachener Fußgängerzone meine Last an den lieben Gott abgegeben hatte, wollte ich hier auch mein Leben Gott nochmals geben. Damit endlich Dankbarkeit in mir lebt. Nicht länger Opfer, sondern durch Gottes Geist neugeboren wollte ich sein. Innerlich versuchte ich, meinen Vater loszulassen, und sagte: »Go, go, go. Erlösung für dich und für mich.«

Zu viele Jahre hatte ich mich nur an die Gerechtigkeit geklammert. Es war an der Zeit, endlich die Verantwortung für mein eigenes Leben zu übernehmen – auch für meine eigenen Fehler. Denn wie oft hatte ich schon gelogen, wie oft habe ich mich selbst belogen? Wie oft hatte ich mit einem meiner Geschwister über die anderen in der Familie gelästert? Wie stolz und versteinert ist nur mein eigenes blödes Herz gewesen. Wieso verzweifelte ich an mir, wenn doch Gott mein Schöpfer war? Wer war ich eigentlich, dass ich mich selbst erhöhte und andere verurteilte? War es nicht ich selbst, der sich

Ich suchte Erlösung. Und zwar am meisten von mir selbst.

ständig davon ablenkte, mein Leben so zu akzeptieren und zu bejahen, wie es nun mal war? Mein Kopf stand nicht still, bis man mich endlich aufforderte, ins Bad einzutreten. Ich war an der Reihe. Mein Herz klopfte mir bis zum Hals. Ich legte meine Kleider ab und band mir das Handtuch um die Hüfte, das man mir reichte. Langsam stieg ich in das kalte Bergwasser. An der Wand stand eine Marienstatue, die mich unentwegt anstarrte. Zwei Männer fragten mich, ob wir ein Gebet sprechen wollen. Ich

bejahte, und sie fingen an zu beten. Währenddessen betete ich innerlich zu Gott und sagte: »Ja zum Leben, Ja zur Vergangenheit, Ja zu allem, was in meinem Leben geschehen ist, Ja zu meinem Scheitern, Ja zu meiner Mutter Barbara, Ja zu meinem Vater Daniel, Ja zu meinen Geschwistern, Ja zu meinem verrückten Leben, Ja zum Jetzt, Ja zu meiner Frau Meike, Ja zu meinen Kindern und Ja zu mir selbst. Vor allem Ja zu mir selbst! Ja zu dem Schmerz, den ich erleben musste, Ja zu allem, wie es ist, mit Schmerz und

Leid. Ja zum Leben, wozu Du mich rufst, Gott! Ja zum Leben! Ja zur Freude! Ja zur Liebe Gottes. Durch Maria kann ich sagen: Dein Wille geschehe in meinem Leben.«

Die beiden Männer, die mich halten würden, gaben mir ein Zeichen, und ich nickte. Sie zählten bis drei, und ich ließ mich in ihre Arme fallen und tauchte mit meinem ganzen Körper in das eiskalte

Ich fühlte mich zerbrechlich wie ein neugeborenes Baby, das gerade aus dem Mutterleib kommt. Nass, zitterig und nach Liebe suchend.

Wasser ein. Das Wasser war so kalt, dass mir der Atem stockte und ich einen richtigen Schock bekam. Ich wollte weinen, fing stattdessen aber an zu lachen. Die Männer lachten mit mir: »Ca va? Geht es?«, fragte der eine. Ich sagte: »Oui, merci, merci … encore une fois! Ja, danke, noch einmal, bitte!« Wieder und wieder tauchte ich lachend in das klare Wasser ein. Als ich danach langsam aus dem Bad stieg, um mich abzutrocknen und anzuziehen, war ich erschöpft. Ich zitterte am ganzen Leib, zog mich an und lief hinaus.

Ich fühlte mich zerbrechlich wie ein neugeborenes Baby, das gerade aus dem Mutterleib kommt. Nass, zitterig und nach Liebe suchend. Meine Frau und die Kinder warteten draußen im Auto auf mich. Es regnete noch immer in Strömen, und es wehte ein frischer Wind. Ich umarmte sie. Meike fragte, ob alles okay sei. Ich bejahte. Alles ist okay. Sie kannte mich gut und wusste, dass ich nun anders drauf war. Die folgenden Stunden brauchte ich eine Siesta und schlief wie ein Baby.

In den nächsten drei Tagen verbrachten wir als Familie eine tolle gemeinsame Zeit in Lourdes. Wir gingen essen, schliefen alle zusammen samt Hund auf unserer großen Matratze im Auto oder gingen ins Kino. Ja, in Lourdes gibt es ein Kino, allerdings läuft nur ein einziger Film. Er handelt von der Geschichte von Bernadette, und ich würde jedem ans Herz legen, ihn einmal anzuschauen! Auch die Natur war überwältigend schön hier im herbstlichen Südfrankreich, da störte es uns nicht, dass die Duschen auf dem Campingplatz fast im Freien lagen. Meine Tochter Aimee sagte, es sei der schönste Urlaub, den wir je als Familie gemacht hätten. Ich konnte ihr nur recht geben.

Besuch am Grab
meiner Mutter in Belascoain

Durch die Tage in Lourdes bestärkt, machten wir uns weiter auf den Weg durch die Pyrenäen ins Baskenland im Norden Spaniens. Dort lag auch das winzige Dorf Belascoain, in dem ich die schönste wie auch schrecklichste Zeit meiner Kindheit verbracht hatte. Wir hatten unsere Route so gewählt, dass wir mitten durch die wunderschöne Gebirgswelt fuhren. Man konnte meinen, wir wären in Tirol oder in den Bergen Norwegens. Es war wild und rau hier, und in den kleinen Dörfern, die wir durchquerten, lebten nur wenige Menschen. Viele Häuser standen leer. Die Natur war hier unberechenbar. Es stürmte, regnete, und wir sahen sogar etwas Schnee auf den Bergen. Kaum jemand, der ins Baskenland wollte, würde diesen Weg wählen. Nachdem wir schon seit über zwei Stunden bei anhaltendem Regen durch die

schroffe Bergwelt fuhren, riss vor uns über den Bergen plötzlich der Himmel auf, und ein wunderschöner Regenbogen erschien. Wir hielten am Wegesrand, um dieses wunderbare Naturschauspiel zu beobachten. »Wahnsinn!«, schrien die beiden Mädchen von hinten. »Guck mal, Papa, der Regenbogen von Noah, genau vor uns!« Tatsächlich. Genau so sah es aus. Wir genossen den Anblick noch einige Zeit, bevor wir weiterfuhren. Nach einiger Zeit entschieden wir uns, noch eine Übernachtung einzuplanen, schließlich wurde es langsam dunkel, und die Straßen wurden immer holpriger. Nach langem Suchen fanden wir nach scheinbar unendlicher Fahrt bergauf ein altes Kloster in der totalen Abgeschiedenheit. Hier schlugen wir unser Nachtlager auf. Am nächsten Morgen wurden wir nochmals von der unglaublichen Schönheit der Pyrenäen überrascht. Da wir am Vorabend im Stockdunkeln ankamen, konnten wir natürlich nicht sehen, dass dieses Kloster einen atemberaubenden Blick auf das Umland bot. Wir konnten nur staunen. Am Fuße des Berges lag ein riesiger See, der grünlich in der Sonne funkelte. Am liebsten wären wir noch geblieben, aber wir wollten noch heute Belascoain erreichen. Also ging unsere Reise weiter. Kurz vor meinem Heimatdorf fuhren wir durch den bekannten Pilgerort Puente la Reina und aßen in einem kleinen Restaurant zu Mittag. Das Dörfchen lag auf dem bekannten Jakobsweg. Wir bestellten Tapas, beobachteten und grüßten die vorbeikommenden Pilger und dösten in der Sonne. Meike liebte das spanische Essen und aß aufgrund ihrer Schwangerschaft gleich für zwei. Auch Aimee und Máire aßen sich so voll, dass sie kaum mehr aufstehen konnten.

»Bist du hier aufgewachsen, Papa?«, fragten sie mich.

»Nein, nicht ganz, noch ein paar Kilometer weiter, dann sind wir da«, antwortete ich. »Hier in Puente la Reina haben wir früher unsere Einkäufe erledigt oder Musik auf der Straße und in den kleinen Restaurants gemacht.«

Ich erzählte ihnen ein paar Geschichten aus meiner Kindheit, auch, dass wir früher als Kinder oft im El Algar, dem Fluss, der durch Puente la Reina und anschließend auch an Belascoain vorbeifließt, geschwommen sind.

Nach unserem ausgedehnten Mittagessen nahmen wir also Kurs auf mein Heimatdorf im schönsten Tal Navarras. Beschaulich lag es auf einer Anhöhe, umzingelt von herrlichen Bergen. Kaum angekommen, begegneten wir auch schon dem ersten bekannten Gesicht. Miguel, der Schäfer des Dorfes. Mit Stock, Hund und zweihundert Schafen kam er uns entgegen. Er schaute mich an, erkannte mich direkt und rief: »Jimmy, das kann doch nicht wahr sein! Was für eine Überraschung!« Ich stellte ihm meine kleine Familie vor, und wir redeten ein wenig von früher, tauschten uns über die Gegenwart aus. Es war, als hätten wir uns gerade gestern das letzte Mal gesehen. Meine Kinder waren so begeistert von den Schafen, dass Miguel uns einlud, am nächsten Morgen zum Stall zu kommen. Dann wollte er uns die neugeborenen Lämmer zeigen. Kurz darauf trafen wir auch Eduardo, seinen Bruder. Nach einem kurzen Gespräch gab er uns direkt einen Schlüssel zu seinem zweiten Haus. Wir sollten seine Gäste sein. Im Sommer diente es ihnen als Ferienhaus, um etwas Geld nebenbei zu verdienen. Nun, im Herbst, stand es leer, und wir durften es in den nächsten Tagen nutzen. Als ich vor dem Haus stand, musste ich lachen. Wie gut ich mich an dieses Haus erinnerte. Hatte ich als kleiner Junge doch selbst Hand angelegt und beim Bau geholfen. Eduardo brachte uns zu der alten Dame, die schon damals immer den

Schlüssel des Friedhofs und der Kirche verwahrte. Ich wollte gleich das Grab meiner Mutter besuchen, schließlich hatten wir deshalb den langen Weg hierher auf uns genommen. Auch sie konnte kaum glauben, mich zu sehen, und verwickelte mich sofort in ein langes und lautes Gespräch. Aimee und Máire meinen noch heute, ich hätte mich mit ihr gestritten. Als wir an der Kirche ankamen, waren Eduardos Kinder und meine Mädchen schon längst befreundet. Da sie die jeweilige Sprache nicht verstanden, verständigten sie sich mit Händen und Füßen. Den Rest zur guten Verständigung erledigten Bonbons, die brüderlich geteilt wurden. Kinder haben einfach keine Sprachgrenzen. Meine Frau staunte und war begeistert von der Einfachheit und Schönheit des Dorfes. Auch ich hatte vergessen, wie wunderbar dieser Ort war. Wir begaben uns samt Eduardo, seiner kompletten Familie und der alten Dame im Schlepptau zum Friedhof, auf dem meine Mutter seit 1982 begraben lag. Als wir dort ankamen, stürmten Aimee und Máire voraus: »Máire, da vorne liegt Oma begraben!«, rief Aimee ihrer Schwester zu. Wir alle hielten für einen kurzen Moment inne. Es war schon eine Weile her, dass jemand das Grab besucht hatte. Überall wuchs Gras und Moos, die Inschrift auf der Grabplatte konnte man kaum noch entziffern. Da wir sowieso für die nächsten Tage im Ort bleiben wollten, nahmen wir uns vor,

das Grab auf Vordermann zu bringen. Eduardos Frau hatte uns mittlerweile Eier, Brot und Butter ins Haus gebracht, und die Kinder spielten bis spät am Abend in den umliegenden Feldern. Am nächsten Tag machten wir uns auf, um Gerätschaften für die Grabpflege einzusammeln. Wir kauften auch Erde und Blumen. Eine Statue von Maria hatte ich aus Lourdes mitgebracht, sie wollte ich am Kopf des Grabes aufstellen, denn meine Mutter war zu Lebzeiten eine große Maria-Verehrerin gewesen, obwohl sie aus einer protestantischen Familie stammte. Nur Zement fehlte noch für die Befestigung. Den bekam ich von Jesus, dem Nachbarn von Eduardo und Bauarbeiter des Dorfes, die Arbeitsgeräte von den neuen Bewohnern unseres alten Hauses im Dorf. Hier half jeder jedem. Während wir alle das Grab putzten – die Kinder reinigten die Grabplatte mit einer Bürste, meine Frau pflanzte Blumen, und ich stellte die Statue auf, kamen immer wieder Leute aus dem Dorf, um uns kurz zu besuchen. Unter anderem auch Eduardos Mutter, die schon sehr alt und an Alzheimer erkrankt war, mich aber dennoch erkannte. Sie sagte mir, dass meine Mutter der liebste Mensch war, den man sich nur vorstellen konnte, und dass sie viel auf den Friedhof ging, um am Grab meiner Mutter zu beten. Weiterhin erzählte sie, dass Menschen aus aller Welt zum Grab meiner Mutter kämen. Aus Amerika, Holland, Polen. Letztes

Mal war sogar eine junge Frau mit ihrer Familie aus Deutschland da. »Das war Jimmys Schwester, Mama!«, sagt Eduardo, und wir alle konnten uns ein Lachen nicht verkneifen. Am Abend entdeckten die Kinder einen Knochen am anderen Ende des Friedhofs und fragten, ob es der eines Menschen sei. »Klar, schaut her«, sagte ich und führte sie zum hinteren Teil des Friedhofs, wo man früher die Knochen alter Gräber entsorgte. Mit einem lauten »Ihhhhhhh!« rannten die Mädchen weg und buddelten nicht wieder in der Erde. In den folgenden Tagen zeigte ich meiner Familie das Dorf und das alte Haus, in dem wir früher wohnten. Ich traf meinen alten Freund Emilio, den ich schon von Kindesbeinen an kenne. Und natürlich fand ich auch den einen oder anderen Moment, in dem ich allein am Grab meiner Mutter saß und Zwiesprache mit ihr halten konnte. Ich bedankte mich bei ihr, dass sie mich zur Welt gebracht hatte und ich heute hier sein durfte. Und ich bat sie um ihre Fürbitte beim lieben Gott, und dass sie mir weiterhin hilft, mich mit meinem Vater und manchen meiner Geschwister zu versöhnen.

Am Ende der drei Tage waren wir fast etwas traurig, wieder fahren zu müssen, doch wir wollten vor dem Ende der Ferien noch zum Atlantik, um ein paar Tage am Meer zu verbringen. Wir verabschiedeten uns von all den lieben Menschen, die wir getroffen hatten, und machten

uns auf die Weiterreise. Spontan entschied ich mich, meinen Bruder Johnny, der hier in der Gegend wohnte, anzurufen, und er lud uns ein, ihn zu besuchen. Wir wurden so nett empfangen, wie man es sich nur erträumen kann. Er kochte für uns die besten Garbanzos der Welt, ein spanisches Gericht aus Kichererbsen, spielte stundenlang mit unseren Kindern, und seine Frau, die ebenfalls Musikerin ist, spielte für uns auf der Harfe. Davon war Máire so begeistert, dass sie sich heiß und innig ebenfalls eine Harfe wünschte. Abends fuhren wir alle gemeinsam in die Altstadt von Pamplona und aßen Tapas. Und wie es bei uns Kellys so ist, wenn sie sich treffen, wurde über alte Zeiten geplaudert. Weißt du noch, weißt du noch und weißt du noch … Hier haben wir in den Siebzigerjahren gespielt, da, guck mal, die alte Bar, die einmal uns gehörte … Sie heißt noch immer El Vianna. Wir zogen von Bar zu Bar und genossen die gemeinsame Zeit. Am nächsten Tag zog es uns weiter zum Meer. Meike erinnerte sich an einen tollen Campingplatz an der Küste in Zarautz, auf dem sie vor etlichen Jahren schon einmal mit meinem Bruder Angelo und dessen Frau Kira war. Er lag genau auf einem Berg mit Blick auf das Meer. Von dort konnte man die schönsten Sonnenuntergänge der Welt sehen. Endlich angekommen, bekamen wir wirklich einen Platz mit direkter Sicht auf den Atlantik, und wir sahen einen der unglaublichsten Sonnenuntergänge, den ich je erlebt hatte. Drei bis vier Tage wollten wir noch am Meer verbringen, bevor wir wieder gen Heimat reisen mussten. Die Ferien waren fast vorüber.

Den ersten Tag verbrachten wir gleich am Strand und beobachteten die Surfer, die versuchten, die riesigen Wellen zu meistern. Máire rannte gleich als Erste zum Wasser, doch als es ihre Füße berührte, sprang sie mit einem Aufschrei hoch und kam zurück. »Kaaaaaalt!«, war ihr Kommentar. Die Surfer hatten Glück, alle trugen Neoprenanzüge, der einzige Grund, warum sie es in diesem Eiswasser aushielten. Wir beschränkten uns auf das auslaufende Wasser, welches durch die Wellen in unsere Nähe getragen wurde, und sprangen mit hochgekrempelten Hosen durch das seichte Wasser. Der Geruch des Meeres war wunderbar, genauso wie die Sicht über die wilde See. Es war wirklich ein Wunderwerk Gottes. In einem kleinen Nachbardörfchen entdeckten wir ein sensationelles Fischrestaurant, dorthin gingen wir jeden Tag zum Mittagessen. Unglaublich leckere Gerichte, knusprige Pommes und mit Blick auf den Hafen, besser konnte es nicht sein. Abends waren wir alle erschöpft von der salzigen Meeresluft und kuschelten uns in unserem großen Bett im Auto aneinander.

Am letzten Tag gingen wir am frühen Morgen zur Messe in Zarautz. Am Ende sangen die Menschen ein Lied, das ich als Kind jeden Sonntag gehört und gesungen habe: »Pescador de hombres«. Zum ersten Mal hörte ich mir den Text ganz bewusst an, staunte, wie schön er tatsächlich war, und fühlte mich persönlich angesprochen.

Nach der Messe suchten wir wieder unser neues Lieblingsrestaurant am Hafen auf. Während des Essens stellten wir fest, dass wir einen ziemlichen Weg hinter uns gebracht hatten. Wir hatten es gemeinsam geschafft. Vor ein paar Jahren

Wir hatten es gemeinsam geschafft. Vor ein paar Jahren wussten wir nicht einmal, wie wir unsere Miete zahlen sollten.

saßen wir noch in einer verschimmelten, kleinen Wohnung in Belgien und wussten nicht einmal, wie wir unsere Miete zahlen sollten. Ständig plagten uns Ängste und Sorgen. Die Gedanken drehten sich nur darum. Das war ein wahnsinniger Stress. Nun, ein paar Jahre später, hatten wir eine große Band gegründet. Und auf dem gleichen Platz, auf dem ich damals zusammengebrochen war, weil ich nicht wusste, wie ich unseren Unterhalt verdienen sollte, spielten meine Band und ich nun vor über zweitausend Menschen auf dem Aachener September

Special. Doch nicht nur beruflich hatte ich sowohl Misserfolge, Stress als auch Erfolge erlebt. Ebenso ist das auf persönlicher Ebene geschehen. Heute haben wir ein eigenes Haus, ein Auto und noch viel wichtiger: Wir sind gesund. So saßen wir nun in Spanien am Meer und stellten fest: Wir hatten Glück, wir hatten einander, und wir hatten uns gerade wegen des harten Wegs noch mehr lieb gewonnen. Wir waren ein Ehepaar wie jedes andere, wir hatten unsere Höhen und Tiefen. Doch bisher haben wir es immer geschafft, das Leid nicht unser Leben bestimmen zu lassen. Wir haben einander wehgetan, doch uns Gott sei Dank immer wieder versöhnt und zueinandergefunden. Paare oder Menschen, die nicht scheitern können, können sich auch nicht weiterentwickeln. Das Scheitern gehört jeweils zu den Momenten, in denen wir am meisten gewachsen sind. So, wie ein Kleinkind laufen lernt. Nur durch ständiges Fallen, Aufstehen, Fallen, Aufstehen, einen Fuß vor den anderen setzend, erneutes Fallen und Aufstehen kann ein Kind überhaupt laufen lernen.

Ähnlich ist es mit der Liebe und dem Leben. Meike und ich wussten beide, dass wir uns heute mehr liebten als zu Beginn unserer Beziehung, weil wir gemeinsam durch dick und dünn gegangen sind. Wir dankten Gott dafür und fällten noch auf unserer Reise den Entschluss, unser Leben einfacher zu gestalten, uns Gedanken zu machen, wie wir mehr voneinander und den Kindern haben würden. Wir wollten unser Leben vereinfachen, nicht mehr nur dem Dasein »hinterherlaufen«, damit die Liebe leben kann. Nach drei Stunden Essen, Trinken und Philosophieren haben wir uns entschlossen, noch ein letztes Mal vor unserer Abreise an den Strand zu gehen. Wir fanden einen Strand, der etwas abseits lag und nur von wenigen Menschen besucht wurde. Wir legten ein paar Handtücher in den Sand, und die Kinder rannten sofort los zum Wasser, während unser Hund Frida wie wild die Wellen anbellte. »Danke, dass du bei mir bist«, sagte ich meiner Frau und umarmte sie. »Ja, ich bin auch dankbar für dich und die Kinder«, antwortete sie. Genau

Meike und ich lieben uns heute mehr als zu Beginn unserer Beziehung, weil wir gemeinsam durch dick und dünn gegangen sind.

darum geht es: dankbar zu sein für das, was man hat.

»Papa, Papa, guck mal, schnell, da sind Krabben im Wasser«, rief Aimee aus einiger Entfernung. Ich bin losgelaufen und habe mit den Mädchen Muscheln gesammelt, Steine und alte Holzstücke. Irgendwann waren wir komplett durchnässt, und Máire stand schon mitsamt ihrer Kleidung bis zur Hüfte in den Wellen. Plötzlich spürte ich den Drang, ebenfalls ins kalte Wasser zu springen und gegen die Wellen zu kämpfen. »Komm, Máire, wir gehen rein!« Ich habe mich bis auf die

Genau darum geht es: dankbar zu sein für das, was man hat.

Unterhose ausgezogen, schnappte mir meine Tochter und stapfte mit ihr ins Wasser. Meike lachte, weil ich so weiß war wie ein Huhn ohne Federn, das gerade aus der Gefriertruhe kommt. Aber mir war es völlig egal!

Mit Máire auf dem Arm hüpfte ich voran. Wir beide schrien bei jeder Welle laut auf, denn das Wasser war eisig. Nach fünf hohen Wellen waren wir mit dem ganzen Körper untergetaucht. Aimee rief uns von Strand aus zu, dass auch sie gerne dabei wäre. Also nahm ich auch sie auf den Arm und kämpfte mich mit zwei Kindern durch die Wogen. Der Atem stockte, aber es machte irrsinnig Spaß. Wir haben geschrien: »Eins, zwei, drei …«,

und tauchten gemeinsam unter, kämpften uns zurück an die Oberfläche, und manchmal bekamen wir dabei schon die nächste Welle ins Gesicht. »Die Wellen sind stark, aber wir haben keine Angst«, schrie Máire gegen das laute Tosen des Meeres an. »Ja, genau«, brüllte Aimee zurück, »wir sind nämlich Krieger!« Meine Frau war an die Brandung gekommen und beobachtete uns lachend. Nach einiger Zeit liefen wir zurück zu unseren Handtüchern und trockneten uns ab. »Boah, guck mal Mamas Bauch, der ist ja richtig dick geworden«, ist es plötzlich aus Aimee herausgeplatzt. Meikes Schwangerschaft zeigte sich langsam, aber sicher, und natürlich schauten sich die Mädchen das gleich mal genauer an. »Wie kann da nur ein Mensch drinnen sein?«, wunderte sich Máire. Die beiden legten ihr Ohr an Meikes Bauch, um zu prüfen, ob sie vielleicht das Baby hören können. Beide legten ihre Hände dazu und warteten ab. Schlagartig kam von drinnen ein kräftiger Tritt. »Ey, das Baby hat mich getreten!«, johlte Máire, und wir alle lachten. Meike guckte zu mir rüber und lächelte mich an. Ich nahm ihre Hand und dachte: Ein neues Leben. In meinem Kopf hörte ich nochmals ein Lied aus meiner Kindheit: »Gracias a la vida – Danke an das Leben.«

Unser Sohn
Yeshua und ein Dankeschön
an meine Frau

Yeshua, unser drittes Kind, wurde an dem Tag, als ich diese Zeilen schrieb, gerade fünf Monate alt. Er war kerngesund und wog bereits sieben Kilo. Meike schaffte es seit Monaten nicht mehr auf mehr als zwei Stunden Schlaf am Stück, weil er ständig gestillt werden wollte. Er saugte ihr das Leben aus dem Leib. Ich habe einmal von einer Foltermethode gehört, bei der der Häftling nicht in die Tiefschlafphase kommt, sondern stets vorher geweckt wird. Diese wurde hier auch angewandt und nannte sich Familie. Es gab immer wieder die ein oder andere Nacht, in der Yeshua jede Stunde aufwachte, eine der beiden Mädchen vielleicht gerade krank war und jemanden bei sich brauchte und die jeweils andere meckerte, weil keine Ruhe herrschte. Ach, ja, dabei hätte ich fast vergessen zu erwähnen, dass wir den Großteil aller Nächte alle gemeinsam in einem Zimmer schliefen, obwohl Aimee und Máire ein eigenes Zimmer haben. Schließlich war es bei Mama und Papa am gemütlichsten. Auch Hund Frida sowie mittlerweile ein zweiter Hund, den wir im Urlaub von der Straße retteten, haben mit im Bett geschlafen. In diesen Nächten hatte ich ein Kissen über meinem Kopf und bewegte mich äußerst selten, damit ich möglichst nicht auffiel und nicht angesprochen wurde. Ich habe einfach so getan, als ob ich tief schlafen würde. Meike hingegen war die ganze Zeit im Einsatz, was man ihr am Morgen an den Augen angesehen hat. Den Kindern ging es dann komischerweise immer wieder gut, und sie waren alle topfit. Auch ich schlief durch. Meine Methode hieß:

»Ignore your kids and your wife!« Vielleicht bat sie mich auch in der Nacht, wer weiß … Am Morgen sagte sie jedenfalls nichts. Deswegen gab ich stets allen einen lieben Kuss, machte mir einen Tee oder Kaffee und ging nach oben in mein Büro. Dort schrieb ich mein Buch, das hauptsächlich von mir handelt. Selbstsüchtig ist der Künstler!

Jetzt aber Spaß beiseite: Ich möchte dieses Buch allen widmen, die selten oder nie die Anerkennung bekommen, die sie eigentlich erhalten sollten. Menschen, die ihr Leben für einen anderen opfern. Es ist für diejenigen, die ihr Bestes geben, um jemand anderem das Leben zu ermöglichen. Es ist für die Menschen, die auf ein einfaches und schönes Leben verzichten, um es anderen angenehmer zu machen. Es ist für meine Frau und solche Menschen wie sie. Für die nicht besungenen Helden und Heldinnen dieser Welt. Für den einfachen Menschen, der ein außergewöhnliches Leben in aller Bescheidenheit lebt. Ich danke euch dafür. Zusammen mit Gott tragt ihr diese Welt.

Vor allem danke ich dir, liebe Meike, dass du bei mir bist. Danke für unsere Kinder. Danke, dass du uns trägst, erträgst und liebst. Danke für dich. Ich liebe dich.

Zu guter Letzt ein großer Dank an St. Joseph. Ein Mann ohne viele Worte, doch voller Taten. Danke!

Jimmy

Abschlussgedanken

Mittlerweile sind einige Jahre vergangen, seit ich wieder zur Straße zurückgekehrt bin. Damals waren wir innerhalb der Kelly Family sehr zerstritten. Heute ist zwar nicht alles perfekt zwischen uns Geschwistern, aber es ist viel, viel besser geworden. Ich stehe mit vielen im Kontakt, mit dem einen verstehe ich mich besser, mit dem anderen weniger. Und obwohl wir nicht mehr zusammen aufgetreten sind, ist unser Verhältnis nach innen besser geworden. Meistens treffen wir uns zu Geburtstagen der Kinder, an Weihnachten oder bei Taufen. Mittlerweile habe ich um die dreißig Neffen und

Wir wurden dazu erzogen, uns als Gruppe zu bewegen und als Gruppe zu funktionieren. Dabei haben wir nicht gelernt, allein unseren Lebensunterhalt zu verdienen.

Nichten. Ich bin sehr stolz auf jeden einzelnen meiner Geschwister. Wir wurden nicht als Individuen aufgezogen, die allein funktionieren sollten. Wir wurden dazu erzogen, uns als Gruppe zu bewegen und als Gruppe zu funktionieren. Dabei haben wir nicht gelernt, als Einzelgänger unser Leben zu bestreiten, allein unseren Lebensunterhalt zu verdienen. Inzwischen sind viele Jahre vorbeigezogen, und wir alle schaffen es, allein zu laufen und unsere Familien zu ernähren. Ich sehe das nicht als selbstverständlich an.

Gerade wenn ich in Ostdeutschland spiele, sehe ich immer wieder, wie schwierig es für die alte Generation ist, ihren Weg zu finden. In dem kommunistischen System wuchsen sie mit der Ideologie auf, wenn du dein Leben treu dem Vater Staat schenkst, dann wird dir alles zurückgegeben. Er kümmert sich um alles, und dein Job ist für immer sicher. Das ist von klein auf in sie injiziert worden, und viele von ihnen müssen feststellen, dass es nur sehr schwer möglich ist, ohne dieses sichere Gerüst zu überleben. Es ist nicht fair, und ich kann das stille Leid der älteren Generation sehen und spüren.

Ähnlich ist es mit der Kelly Family. Gemeinsam waren wir stark, und unser »Papa Staat« kümmerte sich um uns, wenn wir folgsam waren. Heute muss jeder von uns allein klarkommen. Deshalb bin ich auch stolz auf jeden meiner Geschwister. Auch wenn mir das ein oder andere Projekt persönlich nicht gefallen sollte, kämpft sich jeder durch. Wenn wir als Brüder und Schwestern zusammenkommen, reden wir fast ausschließlich über die Vergangenheit. Unsere armen Ehepartner. Fast jedes Treffen endet in einer Therapiestunde für uns als Geschwister. Meine Schwester Maite sagte einmal zu mir: »Wir sind ein bisschen wie Kriegsveteranen – wir kommen zusammen und verarbeiten die Vergangenheit.«

Unser Erbe ist bis heute noch zum Großteil ungeklärt, aber ich renne ihm nicht mehr hinterher. Mit der Zeit haben sich einige Dinge geregelt und am besten und schnellsten immer dann, wenn es niemand erzwungen hat. Ich denke, dass wir in der Familie am schnellsten Klarheit schaffen, wenn jeder von uns als Individuum und im gegenseitigen Respekt wächst. Und last, but not least spielt auch Vergebung bei uns eine große Rolle. Ich bin davon überzeugt, dass das Feld, das meine Familie heute beackert, gute Früchte trägt und tragen wird. Vielleicht ist das nach draußen noch nicht unbedingt sichtbar, aber wir durchleben mit Sicherheit eine gute und heilende Zeit!

Gerade neulich besuchte mich meine Schwester Kathy auf der Straße, und wir musizierten zum ersten Mal seit langer Zeit wieder zusammen. So wie früher, nur eben nicht des Geldes wegen, sondern aus Geschwisterliebe. Es war schön und machte viel Spaß. Heute interessieren wir uns mehr für den Weg der anderen. Wir besuchen uns gegenseitig auf unseren Konzerten und sind neugierig, was die Schwester oder der Bruder so macht.

Heute fällt es mir auch leichter, mich bei meinem Vater zu bedanken, obwohl er so verrückt war. Wäre er nicht so gewesen, wie er war, würde ich mir heute vielleicht keine Gedanken über das Leben machen. Er ist mir ans Herz gewachsen, und ich wünsche mir keinen anderen.

Viele Sachen, wegen denen ich früher mit ihm im Clinch lag oder ihn infrage gestellt habe, beginne ich heute anders zu sehen. Beispielsweise dachte ich jahrelang, dass ich lieber zur Schule gegangen wäre, aber heute, da ich selber meine Kinder zur Schule schicke, merke ich, was für ein Glück ich hatte, dass ich nicht auf eine normale Schule geschickt wurde. Ja, ich muss heute leider mitansehen, wie meine Kinder durch den Schulbesuch auch »Kinderarbeit« leisten. Sie tun mir echt leid. Den Begriff Burn-out gibt es nämlich mittlerweile auch für Kinder. Heute verurteile ich meinen Vater nicht mehr, das überlasse ich besser dem lieben Gott.

Mein Vater fehlt mir sogar sehr. Und dadurch, dass man selber Kinder hat, sieht man, wie unfähig und ahnungslos man doch ist. Wahrhaftig kann ich heute meinem Vater größtenteils danken. Die perfekte Versöhnung braucht manchmal ein Leben lang, doch ich bin zuversichtlich, dass ich inzwischen auf einem guten Weg bin. Wie heißt es so schön: Mit Gott ist alles möglich. Und solange ich sie immer wieder in seine Hände lege, werde ich ein Stück weiter geheilt. Mittlerweile sage ich lieber, dass mein Vater durch Jesus Christus ein Segen für mich ist. Und darum kann ich wahrhaftig sagen: »Danke, lieber Gott, für diesen Papa, den du für mich gewählt hast.« Heute bin ich davon überzeugt, dass nicht meine Träume oder Lebensideen

das Wichtigste für mein Glück sind. Sicher sind sie wichtig, aber Gott, der Vater im Himmel, hat auch einen Traum für mich oder einen Glücksplan. Und der ist bestimmt viel größer und besser als meiner. Immer wieder stelle ich fest, wie klein und vergänglich meine Lebensideen oder Träume sind im Vergleich zu Gottes großem Glücksplan, den er für mich vorgesehen hat. Gott hat mir diesen Vater, diese Mutter und diese Geschwister geschenkt. Jeden Tag lerne ich jeden Einzelnen mehr zu lieben. Freiwillig, nicht, weil ich keine andere Wahl habe. Ich stehe zu meiner verrückten Familie, und ich bin dankbar, dass ich in diese Sippe hineingeboren wurde. Als Kind drückte mir mein Vater auf der Straße das Tambourin in die Hand, um Geld zu verdienen. Vor ein paar Jahren ging ich dorthin zurück, um Geld für meine eigene Familie, meine Frau, die Kinder, zu verdienen. An manchen Tagen empfand ich es als einen Fluch, wieder auf die Straße zu müssen, inzwischen ist es ein Segen für mich. Heute wähle ich die Straße freiwillig als Spielort und Job, besser gesagt, ich empfinde es als Berufung, Straßenmusiker zu sein. Eine Berufung gibt mir nämlich mehr zurück als nur Geld. Sie bringt mich auf den richtigen Lebensweg, lässt mich als Mensch wachsen. Ich bin mir sehr darüber im Klaren, dass ein Punkt kommen wird, an dem meine Knochen diese Arbeit nicht mehr mitmachen

werden. Aber es haben auch andere Jobs ihre Limits und ihre Zeit. Denken wir nur an Sportler. Auch sie müssen den Punkt erkennen, an dem es besser ist, auf ihren Körper zu hören und abzutreten. Ich habe vielleicht nicht meine Millionen geerbt, die mir in einer gerechten Welt zugestanden hätten. Es ist halt anders gelaufen, und wir leben nun mal nicht in einer perfekten Welt. Das Leben ist eben nicht einfach. Trotzdem bin ich für vieles dankbar. Und was ich früher an

An manchen Tagen empfand ich es als einen Fluch, wieder auf die Straße zu müssen, inzwischen ist es ein Segen für mich.

manchen Tagen als Unheil gesehen habe, ist heute zur Gnade geworden. Manche Tage wollte ich meine Gitarre am liebsten in die Ecke schmeißen, so sehr habe ich sie verflucht. Ich wollte lieber Filme drehen. Musik hatte ich doch nie freiwillig gewählt. Im Nachhinein muss ich zugeben, dass genau diese Gitarre für mich zum Schlüssel »zur Menschheit« wurde und mir nicht nur ermöglicht, meinen Lebensunterhalt zu verdienen. Diese Gitarre brachte mir auch Zugang zu den Geschichten der Leute, die ich auf der Straße getroffen habe. Sie haben sich durch meine Musik angesprochen gefühlt und ihre Lebensgeschichten mit mir geteilt.

Und da ist noch ein weiterer Punkt, für den ich meinem Vater dankbar bin: Ich habe von ihm geerbt, zu überleben. Er war ein Überlebenskünstler. Vielleicht hat er mir nicht den Teil meiner »Beute« gegeben, aber wie sagt man so schön: »Gib einem Mann einen Fisch, und du sättigst ihn für einen Tag. Lehre ihn die Fähigkeit des Fischens, und du sättigst ihn ein ganzes Leben.« So ähnlich war es mit meinem Vater und mir. Ich habe es lange Zeit tatsächlich geschafft, meine kleine Familie mit drei Songs über Wasser zu halten und uns dazu noch ein eigenes Dach über dem Kopf zu schaffen. Heute bin ich davon überzeugt, dass ein Mann nicht viel braucht, um die Seinen zu ernähren. Die eigentliche Herausforderung liegt im mentalen, psychologischen und spirituellen Bereich. Der Rest ist relativ einfach, ist es doch »nur« Arbeit, die getan werden muss, zumindest in der westlichen Welt. Und natürlich immer vorausgesetzt, man ist körperlich gesund.

Das größte Geschenk, das man überhaupt bekommen kann, ist der Glaube an Gott. Durch ihn bin ich unendlich reich. Er kann durch stetige Arbeit sogar noch verstärkt werden. Daher sollten wir sowohl für unser Brot »hier unten« als auch für das Brot »dort oben« arbeiten.

Nicht mein weltlicher Vater – der mit Sicherheit eine große Rolle spielte –, sondern mein himmlischer Vater schenkte mir den Glauben. Und meine Mutter war es, die mich immer darin bestärkte. Sie wirkte in ihrer Gläubigkeit sehr glaubwürdig auf mich, weil sie eine ruhige, sehr liebevolle und stabile Frau war. Das hat eine sehr starke Wirkung auf mich gehabt.

Last, but not least sind meine Frau und meine Kinder ein Geschenk für mich. Welch ein Reichtum! Es gibt keine Worte dafür. Wenn es keinen Gott gäbe, wäre die Familie der einzige Lebenssinn. Danke, Meike. Danke, Aimee. Danke, Máire. Danke, Yeshua. Lasst uns weiter in Dankbarkeit leben und wachsen.

Danksagung

Ich möchte mich riesig bedanken bei Patricia Leßnerkraus, die mit mir eine unglaubliche Geduld haben musste, um dieses Buch fertigzukriegen. Du bist ein Schatz, ich freue mich, dass wir es endlich geschafft haben.

Liebe Leser, falls es manche Stellen im Buch gibt, die ein bisschen amateurhaft geschrieben klingen, dann bin ich der Schuldige. Denn Patricia hat alles gegeben, damit es professionell und qualitativ rüberkommt. Ich aber habe ihr immer gesagt und sie gezwungen, es ungeschliffen zu lassen, damit man mich auch noch erkennt. Ich lege nicht so viel Wert aufs Polierte oder Verpackte. Und das ist manchmal schwer für diejenigen, die sich mit mir einlassen.

Also nochmals ein Riesendank an Patricia Leßnerkraus.

Einen großen Dank auch an Tina Kops und Conny Günther für ihre stundenlangen Bandabschriften der Gespräche, die ich mit Patricia geführt habe. Andere Teile des Buches habe ich zuerst auf Englisch mit Bleistift zu Papier gebracht, was anschließend von Conny und meiner Frau Meike vom Englischen ins Deutsche übersetzt wurde.

Dank an Heike Plauert und das Heyne-Team für die Geduld und den Mut, mit mir zu arbeiten. Dieses Buch ist nicht das Übliche, dessen bin ich mir bewusst. Es gehört wahrscheinlich eher in die Abteilung »Alternative Literatur«. Ihr aber habt mich trotzdem machen lassen. Danke dafür.

Und nun zu dem Mann, der mich immer wieder drängte, dieses Buch zu schreiben, Rolf Schroeder. Ich danke dir für deine Geduld und deinen Respekt, dass ich die Geschichte schreiben durfte, die ich wollte.

Last, but not least danke ich meinem Freund und Fotografen Thomas Stachelhaus, der mich mit unermüdlichem Engagement auf der Straße mit seiner Kamera begleitet hat, um meine Geschichte als Streetkid durch eindrucksvolle Fotos zu dokumentieren.

And finally very last, but not very least einen großen Dank an Corrie und Ewald, die Eltern meiner Frau. Ohne euch hätten wir es an manchen Tagen kaum geschafft. Ich muss gestehen, Schwiegereltern lernt man erst richtig zu schätzen, wenn man Kinder hat. Danke, danke, danke.

Danke nochmals euch allen!

Ein wichtiger Spruch

In diesem Sinne würde ich gerne einen wichtigen Spruch für diejenigen hinterlassen, die heute bei null anfangen müssen. Er hängt an der Wand meines Büros und leistet mir noch heute gute Dienste:

Erst tue das **Nötige**.
Dann das **Mögliche**.
Und plötzlich tust du das **Unmögliche**.

Franziskus von Assisi

Fotoverzeichnis

S. 12: Würzburg, 2015; S. 14: Erfurt, 2014; S. 17: Leipzig, 2013; S. 18: Leipzig, 2013; S. 22/23: Köln, 2014; S. 25: Köln, 2014; S. 27: Köln, 2014; S. 30: Köln, 2014; S. 32: Köln, 2014; S. 35: Köln, 2014; S. 36: Köln, 2014; S. 38: Leipzig, 2013; S. 41: Leipzig, 2013; S. 42/43: Aachen 2010; S. 46/47: Halle, 2013; S. 49: Lutherstadt Wittenberg, 2013; S. 50/51: Halle, 2013; S. 52: Halle, 2013; S. 55: Leipzig, 2013; S. 56/57: Würzburg, 2015; S. 58: Erfurt, 2014; S. 60: Würzburg, 2015; S. 62/63: Halle, 2013: S. 68: Lutherstadt Wittenberg, 2013; S. 71: Leipzig, 2013; S. 72: Erfurt, 2014; S. 76/77: Erfurt, 2014; S. 78: Halle, 2013; S. 79: Magdeburg, 2015; S. 81: Erfurt, 2014; S. 82: Erfurt, 2014; S. 84: Leipzig, 2013; S. 87: Leipzig, 2013; S. 88: Lutherstadt Wittenberg, 2013; S. 90: Lutherstadt Wittenberg, 2013; S. 94: Leipzig, 2012; S. 96/97: Leipzig, 2012; S. 98: Halle, 2013; S. 100/101: Leipzig, 2012; S. 103: Erfurt, 2014; S. 104: Leipzig, 2012; S. 106: Erfurt, 2014; S. 108: Aachen, 2010; S. 110: Köln, 2014; S. 112: Leipzig, 2012; S. 114/115: Halle, 2013; S. 116: Aachen, 2010; S. 119: Leipzig, 2012; S. 121: Leipzig, 2012; S. 123: Erfurt, 2014; S. 125: Erfurt, 2014; S. 129: Erfurt, 2014; S. 130: Lutherstadt Wittenberg, 2013; S. 132/133: Leipzig, 2012; S. 134: Aachen, 2010; S. 137: Lutherstadt Wittenberg, 2013; S. 138: Halle, 2013; S. 140/141: Erfurt, 2014; S. 143: Lutherstadt Wittenberg, 2013; S. 144: Halle, 2013; S. 147: Halle, 2013; S. 149: Halle, 2013; S. 152/153: Leipzig, 2012; S. 157: Erfurt, 2014; S. 158: Leipzig, 2012; S. 161: Lutherstadt Wittenberg, 2013; S. 163: Leipzig, 2012; S. 165: Lutherstadt Wittenberg, 2013; S. 169: Aachen, 2010; S. 172/173: Monschau, 2014; S. 174/175: Monschau, 2014; S. 177: Monschau, 2014; S. 181: Erfurt, 2014; S. 182/183: Magdeburg, 2015; S. 185: Köln, 2014; S. 186: Magdeburg, 2015; S. 188/189: Lutherstadt Wittenberg, 2013; S. 190: Halle, 2013; S. 194: Aachen, 2010; S. 196/197: Aachen, 2010; S. 198: Aachen, 2010; S. 201: Magdeburg, 2015; S. 202: Würzburg, 2015; S. 204/205: Rathenow, 2013; S. 207: Lutherstadt Wittenberg, 2013; S. 208: Stuttgart, 2013; S. 211: Braunschweig, 2013; S. 213: Köln, 2014; S. 216: Würzburg, 2015; S. 218/219: Würzburg, 2015; S. 223: Würzburg, 2015; S. 225: Würzburg, 2015; S. 226/227: Lutherstadt Wittenberg, 2013; S. 229: Hamburg, 2013; S. 234: Leipzig, 2012; S. 237: Halle, 2013; S. 249: Erfurt, 2014; S: 247: Leipzig, 2012; S. 251: Leipzig, 2012; vordere Klappe, innen: Halle, 2013; hintere Klappe innen: Stuttgart, 2013.